En nuestras vidas, se nos brindan innumerables oportunidades para aprender, crecer y mejorar, con la ayuda de Dios y la ayuda de familiares, amigos, líderes y colegas. A lo largo del camino, a menudo descubrimos que la satisfacción no es un destino sino algo que experimentamos en el proceso interminable de convertirnos en versiones mejores, más verdaderas y más completas de nosotros mismos. En este libro reflexivo y sincero, el propietario y operador local de Chick-fil-A, David Grimm, comparte muchas de las lecciones eternas que ha aprendido en su vida y carrera hasta ahora con franqueza, compasión y cuidado.

Dan T. Cathy
Presidente, Chick-fil-A Inc.

"The Never-Ending Pursuit" ("La Búsqueda Interminable.") es uno de los libros más prácticos que he leído sobre cómo vivir una vida con propósito y satisfacción genuina. Y lo que lo hace tan diferente es que está lleno de conocimientos espirituales y, al mismo tiempo, enseña una teología muy sólida. Nunca he leído algo así en mi vida. Esta es una lectura obligatoria. Es FANTÁSTICO, POTENTE y REMARCADOR.

David Grimm es uno de los seguidores de Jesús más genuinos y de corazón puro que he conocido. Todo pastor sueña con tener personas como David y Kelly Grimm y sus hijos como feligreses. La historia de su vida está llena de eventos increíbles y únicos. Usted se sentirá profundamente conmovido, desafiado e inspirado por el viaje de su vida y los maravillosos milagros compartidos en este increíble libro.

David es un autor talentoso y tiene una visión única de las verdades espirituales. Al igual que Max Lucado, los escritos de David son prácticos y simples pero profundos. Este libro es excepcionalmente alentador y, sin embargo, extremadamente desafiante al mismo tiempo.

Leer "La Búsqueda Interminable." cambiará tu vida. ¡¡UN GRAN LIBRO!!

P. D. La guía de estudio es excelente y muy sustantiva. Es una excelente guía para grupos pequeños.

James Weaver
Pastor fundador de la iglesia de las Asambleas de Dios Nueva Esperanza,
Urbandale (Iowa)

Como uno de los pastores de David Grimm, he podido observar y observar su vida, obra y ministerio desde un asiento de primera fila. ¡Y puedo decirte que él es el verdadero en su trabajo! Lo que escribe en las páginas de este libro no son solo tópicos o clichés; David y su familia viven lo que habla "La Búsqueda Interminable.". Si desea vivir una vida exitosa y plena que impacte el mundo que lo rodea de manera significativa, este libro le brindará los elementos prácticos para hacerlo realidad. ¡Te lo recomiendo altamente!"

Jeff Hill
Pastor principal
Asambleas de Dios Nueva Esperanza
Urbandale (Iowa)

Dave tiene una historia convincente, pero para ser brutalmente honesto, cuando me dijo el título, sonó un poco aburrido. Es más, la idea de un viaje sin fin parecía mentalmente agotadora. Luego comencé a leer y, antes de terminar la introducción, me dispuse a seguir adelante. Cambiar nuestra perspectiva de una mentalidad impulsada por el destino a la alegría del viaje puede encaminarnos hacia la verdadera satisfacción y el éxito. Con énfasis en la practicidad y la acción, "La Búsqueda Interminable." inspirará y equipará a muchos para seguir adelante en la aventura que llamamos vida.

Carey Huffman
Pastor de discipulado
Asambleas de Dios Nueva Esperanza
Urbandale (Iowa)

Al escribir "La Búsqueda Interminable.", David ha encontrado una manera de expresar con palabras una de las lecciones más importantes de la vida. . . ¡NO TE DETENGAS!

Cuando las personas tienen la sensación de haber llegado, dejan de crecer, de aprender, de moverse y de dominar. ¡Pero el libro de David, "La Búsqueda Interminable.", nos anima a IR MÁS ALTO! Nunca te detengas. Esto es especialmente importante para hombres o mujeres de Fe. En el momento en que actúes como si hubieras llegado, comenzarás a entregar áreas de tu vida al enemigo. La Búsqueda Sin Fin me anima a nunca dejar de buscar la santidad, la justicia y la fidelidad, y la historia de la vida de David me muestra que a medida que siga adelante, ¡seguiré viendo la bendición y el favor de Dios en mi vida! Pero en el momento en que empiece a actuar como si hubiera llegado, la ceguera se levantará y el enemigo se afianzará.

Este libro es BRILLANTE. Es una lectura obligada para todos, pero especialmente buena para aquellos tentados a caer en la complacencia de lo que yo llamo el "síndrome de la llegada".

Jesse Newman
Pastor principal
Iglesia de la Eternidad
Clive (Iowa)

LA
BÚSQUEDA
INTERMINABLE

Encontrando Satisfacción en el Viaje de la Vida

DAVID GRIMM

The Pursuit Press
Empowering Your Journey, One Story at a Time

AGRADECIMIENTOS

A mi hermosa esposa, Kelly, quien siempre me apoya en la búsqueda de los sueños que Dios ha puesto dentro de mí, sin importar cuán locos parezcan.

A mis cuatro increíbles hijos, Tenley, Asher, Hallie y Sadie: ¡nunca dejen de buscar a Dios por las grandes cosas que tiene para ustedes!

A mi papá y mi mamá, Dennis y Barbara: gracias por amarme incondicionalmente cuando estaba en mi peor momento, enseñarme la Palabra de Dios y creer siempre que Dios tenía un plan para mi vida. Mamá, "espero que puedas presenciar todo lo que Dios está haciendo aquí desde el Cielo".

Al pastor Shawn Lyons, mi maestro, amigo y padre en la fe: he aprendido a seguir a Cristo como tú has seguido a Cristo.

Al pastor James Weaver y al pastor Jeff Hill, gracias por darme la bienvenida a la familia Nueva Esperanza con los brazos abiertos y apoyar a nuestra familia en cada paso del camino.

A la familia Chick-fil-A, gracias por permitirme la oportunidad de asistir a una clase magistral de liderazgo en esto llamado franquicia.

A Brady Ross, ¡gracias por ayudarme a aprender a escribir libros y por todas tus contribuciones!

Por encima de todo, agradezco a mi Señor y Salvador, Jesucristo, quien me da sabiduría diaria para seguir Buscando lo que importa.

TABLA DE CONTENIDO

INTRODUCCIÓN: EL SECRETO DE LA VERDADERA FELICIDAD

He aprendido por qué tan pocas personas son verdaderamente felices o realizadas en la vida, y la razón puede sorprenderte.

No es porque les falte dinero, poder o éxito. Hay muchas personas ricas, famosas e impactantes en el mundo que no afirman ser "felices". Al mismo tiempo, he conocido a personas en pequeñas aldeas del tercer mundo sin prestigio o influencia fuera de sus pequeñas comunidades que parecen ser algunas de las personas más alegres de la Tierra.

Lo que separa a muchas personas de ser felices es una comprensión inexacta de dónde proviene la verdadera felicidad. En definitiva, la felicidad no es circunstancial. No es algo con lo que algunas personas tengan la suerte de tropezar, mientras que otras no tienen tanta suerte.

Tú estás a cargo de tu propia felicidad. Es algo que puedes controlar. Al mismo tiempo, si no tienes la mentalidad o la comprensión adecuadas sobre cómo cultivar y mantener la felicidad, nunca crecerás más allá de tu posición actual.

La Declaración de Independencia de los Estados Unidos comienza con la afirmación de que cada persona es creada con ciertos derechos inalienables, es decir, derechos que no se pueden quitar. Entre estos derechos se encuentran la vida, la libertad y la búsqueda de la felicidad.

Para ser honesto, solía interpretar esta afirmación como una especie de descargo de responsabilidad. Supuse que nuestros Padres Fundadores entendían que la felicidad no estaba garantizada, pero querían dejar claro que cada persona tenía derecho a buscar la felicidad. Si funciona, genial. Si no, está bien que lo intentaras.

En este momento de mi vida, leo esta frase de manera muy diferente. En realidad, creo que garantizar la búsqueda de la felicidad es mejor que prometer la felicidad misma.

No hay felicidad sin búsqueda. No lo digo en el sentido del huevo y la gallina. De hecho, creo que la gente malinterpreta la felicidad (y lucha por encontrar la verdadera felicidad) porque no conceptualiza esta verdad fundamental.

Demasiadas personas se centran en la felicidad como destino. Trabajan duro para alcanzar una meta y disfrutan de la satisfacción instantánea que experimentan cuando logran aquello por lo que trabajaron. Sin embargo, se sorprenden cuando esa sensación de satisfacción no dura y cambian su atención para trabajar en algo diferente.

Esta sensación de disonancia cognitiva es la razón por la que Tom Brady sugirió en noviembre de 2022 que no estaba satisfecho con siete campeonatos del Super Bowl, más que cualquier franquicia individual de la NFL. Es por eso que leemos acerca de una mujer en Juan 4 que había estado casada con cinco hombres diferentes (y que seguía regresando al mismo pozo para sacar agua). Aunque nunca pudo encontrar la verdadera satisfacción, continuó buscando.

Imagino que puedes identificarte hasta cierto punto. ¿Alguna vez ha trabajado incansablemente para obtener un ascenso, graduarse con su título, obtener una beca académica o deportiva, comenzar su propio negocio o terminar un maratón? Cada ejemplo representa un gran logro y estoy seguro de que sentiste una sensación instantánea de alegría y satisfacción cuando terminaste, pero ¿cuánto duró ese sentimiento?

Lo que no sabías es que es en el viaje, no en el destino, donde se puede encontrar la verdadera satisfacción. Si la vida fuera un juego, el objetivo no sería ganar. El objetivo sería seguir jugando.

Este libro existe para ayudarle a apreciar el viaje antes (y más allá) de la línea de meta. Sí, todos cruzaremos esa línea de meta algún día, pero la forma en que corras la carrera ahora marcará la diferencia cuando llegues allí. Al leer, espero y oró para que empieces a adoptar una perspectiva diferente de la vida. Mi deseo es ayudarte a ver que la vida no se trata sólo del final del juego, sino también de lo que sucede en la búsqueda.

A medida que afronto esta realidad, veo un nuevo ámbito de posibilidades y oportunidades. Para empezar, si la vida se trata más del viaje que del destino final, no tenemos que posponer la felicidad. No es necesario esperar para encontrar satisfacción, plenitud o contentamiento en un solo logro o logros. Puedes confiar en tus esfuerzos diarios para aportar valor al mundo y hacer que tu comunidad sea mejor que antes.

En mi lugar de trabajo, siempre desafío a mi equipo a dejar a las personas mejor de cómo las encontraron. Desde 2015, soy propietario y opero una franquicia de Chick-fil-A en West Des Moines, Iowa. En los últimos ocho años como propietario de una franquicia de Chick-fil-A, he llegado a apreciar profundamente el valor de la búsqueda. Una de las cosas que más me gustan de Chick-fil-A es que la empresa no existe sólo para servir comida deliciosa. Nuestro fundador, Truett Cathy, dijo una vez durante su vida: "Deberíamos dedicarnos a algo más que vender pollo. Deberíamos ser parte de la vida de nuestros clientes y de las comunidades a las que servimos". Esta cita todavía se muestra con orgullo en Chick-fil-A 's sitio web corporativo.

Como propietario de Chick-fil-A, me preocupa profundamente infundir este valor en el trabajo de nuestra franquicia local. Eso es lo que me motiva a ofrecer matrículas universitarias gratuitas a los miembros del equipo. Es por eso que, al momento de escribir este libro, nuestro restaurante ha donado más de $750,000 a nuestra comunidad en donaciones de alimentos y apoyo, junto con $150,000 en donaciones de alimentos a nuestros refugios locales para personas sin hogar. Es por eso que comencé un blog en línea llamado "La búsqueda" en 2020, y por eso me sentí impulsado a crear el libro que tienes en tus manos o lo que ves en tu pantalla. Miro a mi alrededor y veo personas que se dedican a todo tipo de actividades, pero mi objetivo es ayudar a las personas a aprender sobre la única actividad que realmente importa.

Mientras busco infundir estos valores en mi trabajo en Chick-fil-A, reconozco que está sucediendo algo increíble. Esta perspectiva intensificada sobre la búsqueda me recuerda que el crecimiento y la transformación son procesos graduales. Tú y yo nunca terminaremos el viaje para convertirnos en lo mejor de nosotros mismos. Si bien esto puede parecer desalentador, en realidad es algo bueno. El objetivo no es llegar a un lugar. En cambio, nuestro objetivo debería ser el crecimiento y la transformación continua cada día.

En el Nuevo Testamento, a los seguidores de Jesús se les llamaba "discípulos". La palabra "discípulo" proviene de la palabra griega "μαθητής" (mathetes), que significa "aprendiz". En el mundo grecorromano, los discípulos buscaban implementar plenamente el estilo de vida y las prácticas de sus maestros. Literalmente, modelarían cada aspecto de sus vidas según lo que practicaban sus maestros.

¿Cuán apropiado es que el llamado que Jesús nos da, como sus seguidores, no sea el de llegar a un destino determinado sino el de unirnos a Él en un viaje? Es un viaje lleno de altibajos, giros y vueltas, sin un destino final claro de este lado del Cielo, pero con un llamado constante a una fe, un compromiso y una superación personal más profundos. Como leemos en Hebreos 12:1 (NTV), "Por lo tanto, ya que estamos rodeados de una multitud tan grande de testigos de la vida de fe, despojémonos de todo peso que nos frena, especialmente el pecado que tan fácilmente nos hace tropezar. Levantémonos y corramos con paciencia la carrera que Dios nos ha puesto por delante".

Como discípulos, debemos buscar constantemente alinear nuestros pensamientos, actitudes y acciones con lo que Jesús enseña. No siempre seremos perfectos, pero se sorprenderán de la transformación posible mediante la presencia del Espíritu Santo en sus vidas.

También desarrollará una perspectiva completamente nueva sobre las épocas difíciles de la vida. Comenzarás a reconocer el valor de las luchas porque verás cómo te ayudan a crecer y desarrollarte para convertirte en la persona que Dios te ha llamado a ser.

Seré honesto contigo: no disfruto los tiempos difíciles. No sé si alguien realmente espera el dolor y el sufrimiento. Sin embargo, a medida que he ido pasando por la vida y experimentado diversas formas de angustia y pruebas, mi actitud ante estas experiencias ha cambiado por completo.

Hace varios años, parecía que todo a mi alrededor se estaba desmoronando. Llevaba ocho años de mi ocupación como pastor de jóvenes cuando mi padre contrajo una extraña enfermedad. Cuando empezó a tener problemas para respirar, los médicos le diagnosticaron neumonía. Sin embargo, las cosas siguieron empeorando y finalmente lo llevaron en ambulancia a Pittsburgh. Cuando llegó, le diagnosticaron leucemia mieloide aguda, una forma rara de cáncer que suele provocar la muerte al mes de su aparición.

Gracias al poder sanador de Dios expresado en tratamientos de vanguardia y a algunos de los médicos más sabios que existen, mi padre todavía está vivo. Sin embargo, fue un largo camino de regreso y no sabíamos que el resultado final sería tan positivo. Esperábamos lo peor.

Para hacer las cosas más difíciles, mi madre contrajo cáncer de mama varias veces mientras mi padre luchaba su propia batalla contra el cáncer. Después de que mi padre sanó, apenas tuvimos tiempo de descansar y recuperarnos antes de que el cáncer de mi madre regresara. Falleció una semana después de su 33 aniversario de bodas a la edad de 60 años. Pudo escuchar que mi esposa y yo estábamos esperando nuestro cuarto hijo, pero nunca pudo conocer a Sadie Ann, la niña con el segundo nombre después mi mamá.

Después de este punto, mi esposa y yo estábamos cuidando a cuatro niños menores de cuatro años y al mismo tiempo lloramos a mi mamá y apoyamos a mi papá. Si eso no fuera suficiente, teníamos un restaurante mexicano llamado Madres Mexicanas en nuestro centro comercial local. El mismo mes que abrimos nuestro restaurante, la iglesia donde trabajaba me dijo que se encontraban en una situación financiera difícil y que ya no podían pagar mi salario. No tenía ningún rencor hacia la iglesia por tomar esta decisión y estaba agradecido de haber pasado el año pasado preparándonos financieramente para abrir el restaurante.

Para lo que no nos habíamos preparado era para un tiroteo en nuestro centro comercial que ahuyentó a muchos de nuestros clientes potenciales. Cuando el tráfico finalmente comenzó a regresar un año después, un grupo de 100 adolescentes destrozaron el centro comercial y atacaron a muchos clientes en el proceso. Tres meses después, hubo otro tiroteo en el estacionamiento. Las ventas cayeron hasta el punto en que no podía permitirme pagarme a mí mismo después de pagar a mis empleados.

Mi esposa trabajaba a tiempo completo, pero entre los gastos del negocio y las obligaciones familiares, apenas podíamos llegar a fin de mes. Recuerdo vívidamente conversaciones difíciles sobre si deberíamos pagar nuestras cuentas a tiempo o comprar alimentos para que nuestra familia pudiera comer. Nos sentimos destrozados, avergonzados y humillados.

Si bien esta temporada fue increíblemente insoportable y dolorosa, también fue una experiencia crítica que me enseñó cómo es la verdadera fe en el Señor. Sentimos que habíamos llegado al fin de nosotros mismos y que la oración era nuestro único salvavidas. No teníamos otra opción que confiar en que Dios proveería para nosotros, que es exactamente lo que sucedió. Dios nos proveyó a través de un amigo que nos compró alimentos para tres meses, incluida la fórmula especial exacta que nuestra hija menor necesitaba. Para ser claros, esta amiga no sabía nada de nuestra situación, pero sintió que Dios le dijo que nos ayudará. Fuimos bendecidos con un crédito inesperado de sobrepago de nuestro proveedor de alimentos que nos dio comida gratis por aproximadamente un mes. Recuerdo haber encontrado un billete de 10 dólares en el montacargas un día cuando no estaba seguro de tener suficiente gasolina para llegar a casa.

Al reflexionar sobre este momento de mi vida, recuerdo cómo Dios nos proveyó tanto en las cosas grandes como en las pequeñas. También me siento alentado al pensar en cómo Dios estaba construyendo mi carácter y mi confianza en medio de esta tormenta. Es difícil decir que me alegro de que haya sucedido porque no quiero volver a pasar por algo así. Sin embargo, en última instancia estoy agradecido por las lecciones que aprendí durante el proceso.

Quizás se encuentre en una encrucijada al llegar a este libro. Tal vez hayas reconocido que la forma en que has vivido tu vida hasta este momento no está funcionando y que algo necesita cambiar. Es posible que te encuentres cuestionando tu propósito en el mundo y preguntándote si existe una mejor manera de vivir que la que has probado hasta ahora. Me alegra que estés aquí y no puedo esperar para compartir este mensaje contigo.

Este libro lo guiará a través de varios elementos clave de la búsqueda de cada persona a lo largo de su vida. Aprenderá cómo determinar el propósito de su vida, descubrir sus valores fundamentales y establecer metas significativas y viables. Discutiremos cómo mantener la motivación a largo plazo y desarrollar sólidas habilidades de liderazgo. Incluso cubriremos temas como cultivar el carácter, desarrollar la integridad y construir relaciones sólidas.

Antes de terminar, le ayudaré a pensar en cómo puede consolidar su aprendizaje de este libro de una manera que fomente el desarrollo sostenible y consistente. Con demasiada frecuencia, la gente pierde el tiempo leyendo libros porque el libro no produce un impacto que dure más de unas pocas semanas después de terminar de leer. Quiero que este libro sea diferente porque creo que este mensaje es fundamental para cada persona.

Rápidamente te darás cuenta de que mi fe es el elemento más importante de mi vida. Mi perspectiva sobre el valor de La búsqueda sin fin se basa en mi creencia de que Dios es todopoderoso y que Jesús vino a la Tierra para vivir como hombre, morir en la cruz por los pecados del mundo y resucitar en el tercer día. Cada capítulo incluirá pasajes de las Escrituras y ejemplos bíblicos que muestran cómo estos conceptos que discutiremos pueden aplicarse en la vida real.

Cada capítulo también terminará con preguntas reflexivas e indicaciones prácticas. En mi opinión, las preguntas impulsan el pensamiento y quiero hacer mi parte para conectar los puntos entre las teorías y estrategias que leerá en este libro y las aplicaciones que puede experimentar en su vida diaria. Después del capítulo final, también encontrará un libro de trabajo detallado diseñado para discusiones en grupos pequeños. Este libro puede ser un gran recurso para leer con su cónyuge, algunos amigos cercanos, un equipo de trabajo o un grupo pequeño en la iglesia.

Mientras se prepara para acompañarme en este viaje, le invito a reflexionar sobre la siguiente pregunta: "¿En quién me estoy convirtiendo?" Piense en sus valores, hábitos, metas y motivaciones actuales. Cada uno de estos componentes juega un papel fundamental en su desarrollo general. Si desea realizar cambios significativos en su vida, comience con una visión convincente para el futuro y la creación de los pasos necesarios que lo ayudarán a llegar desde donde se encuentra hasta donde desea ir.

Deja que las palabras de Pedro en 2 Pedro 1:5-8 (NTV) te preparen para embarcarte en una nueva búsqueda: "En vista de todo esto, esfuércense al máximo por responder a las promesas de Dios complementando su fe con una abundante provisión de excelencia moral; la excelencia moral, con conocimiento; el conocimiento, con control propio; el control propio, con perseverancia; la perseverancia, con sumisión a Dios; la sumisión a Dios, con afecto fraternal, y el afecto fraternal, con amor por todos. Cuanto más crezcan de esta manera, más productivos y útiles serán en el conocimiento de nuestro Señor Jesucristo;".

Con esto en mente, abróchese el cinturón y prepárese para la aventura más literal de su vida. No olvides disfrutar el viaje. Después de todo, ese es el punto.

CAPÍTULO UNO:
DETERMINA TU PROPÓSITO

Como todo en este libro, determinar su propósito es un proceso. No es sencillo. En última instancia, parece diferente para cada persona. Al mismo tiempo, el viaje para descubrir por qué Dios te colocó en esta Tierra y a qué propósito único te ha llevado Dios es tan gratificante como el llamado mismo.

Me tomó muchos años descubrir qué quería hacer con mi vida. Cambié de especialidad cinco veces en la universidad. No me sentía interesado en nada, pero después de tomar algunos cursos, rápidamente me di cuenta de que no quería pasar el resto de mi vida siendo fisioterapeuta o diseñador gráfico.

A decir verdad, no tenía idea de lo que quería excepto que sabía que quería algo. Podía sentir que mi vida tenía un propósito mayor, pero me estaba cansando de hacer girar mis ruedas y sentir que me faltaba dirección.

Recuerdo mi primer año en LaRoche College en Pittsburgh como si fuera ayer. Elegí especializarme en diseño gráfico porque era bueno en el arte. Incluso gané varios premios de arte en la escuela secundaria. Sin embargo, odiaba mis clases y decidí irme y regresar a casa después del primer semestre.

Si bien esto puede parecer un gran paso atrás, en realidad me ayudó a descubrir mi verdadera motivación. Después de dejar la universidad, terminé haciendo un internado como misionero en Garden Valley, TX. Descubrí que me apasionaba tener un impacto positivo y dejé ese internado más animado que nunca para perseguir un propósito que existía más allá de mí.

Te cuento esta historia porque sé que es fácil sentirse frustrado o resentido cuando no puedes identificar tu propósito en la vida. He estado allí e imagino que la mayoría de la gente diría lo mismo. No debes sentir vergüenza ni culpa si no lo tienes todo resuelto, pero tampoco debes permitir que esto sea un motivo para no seguir avanzando. No tengas miedo de dar el primer paso, incluso si no estás seguro del destino o de la ruta a seguir. A veces, el movimiento es tan importante como la dirección.

Ahora que sabes que la búsqueda es un viaje que nunca terminarás, espero que sientas una sensación de paz. Dado que el progreso es una meta mejor que la perfección, puedes encontrar satisfacción en la búsqueda gradual del desarrollo personal sin sentirte culpable o inadecuado por no haber "llegado" todavía. La verdad es que nadie lo ha hecho y nadie lo hará jamás.

Sin embargo, esto no significa que no debamos tener algún tipo de objetivo. Si no apuntas a nada, no acertarás en nada. Sin un sentido claro de nuestro propósito en la vida, podemos perder fácilmente el enfoque, por lo que debemos comenzar este viaje identificando nuestro propósito.

Te des cuenta o no, estás viviendo con un propósito. Desafortunadamente, algunas personas carecen de conciencia de su propósito y otras viven con un propósito demasiado pequeño o temporal para darle verdadero significado a la vida. Pocas cosas me entristecen más que pensar en todas las personas que pasaron su vida persiguiendo poder, dinero o prestigio sólo para llegar al final de sus vidas y descubrir que desperdiciaron su esfuerzo. Se sienten insatisfechos y ya es demasiado tarde para volver atrás y hacer cambios.

Como cristiano, creo que Jesús es la fuente suprema de satisfacción para cada persona y, a menos que nuestro propósito se conecte con glorificar a Jesús, en última instancia estaremos insatisfechos. Al mismo tiempo, si podemos desarrollar una comprensión sólida de nuestro propósito único en la vida, nos posicionamos para lograr un impacto que perdure mucho después de que nos hayamos ido.

Piense en el apóstol Pablo, quien descubrió su propósito en una poderosa experiencia en el camino a Damasco. Cuando conocemos a Pablo por primera vez (Saúl antes de su cambio de nombre) al final de Hechos 7, él está mirando a los miembros del Sanedrín, Esteban, un hombre juzgado y asesinado basándose en una acusación falsa de que estaba blasfemando contra Dios (Hechos 6:11).

Más tarde, nos enteramos de que Pablo estaba planeando un viaje a Damasco para traer nuevos cristianos como prisioneros a Jerusalén. Mientras estaba en el viaje, Pablo escuchó la voz de Jesús hablando mientras una luz brillante brillaba en su rostro. Después de este encuentro, Pablo estuvo tres días sin poder ver. Jesús le ordenó que terminara el viaje a Damasco y le aseguró que descubriría lo que se suponía que debía hacer cuando llegara.

Mientras tanto, el Señor llamó a un hombre llamado Ananías en Damasco y le dijo que fuera a donde Pablo para sanarlo. Como puedes imaginar, Pablo tenía fama de ser una amenaza peligrosa para los cristianos, y Ananías se sentía incómodo al acercarse a Pablo. Escuche la respuesta de Dios, tomada directamente de Hechos 9:15-16 (NTV):

"Pero el Señor dijo: 'Ve, porque Saúl es mi instrumento escogido para llevar mi mensaje a los gentiles y a los reyes, así como al pueblo de Israel. Y le mostraré cuánto tendrá que sufrir por mi nombre. '"

Después de esto, Ananías se encontró con Pablo, le impuso las manos y le devolvió la vista. No pasó mucho tiempo antes de que Pablo comenzara a predicar que Jesús era el hijo de Dios. Pablo pasó el resto de su vida proclamando a los gentiles que Jesús era el hijo de Dios. Durante el resto de la vida de Pablo, nada –ni siquiera la intensa persecución y oposición que enfrentó– pudo impedirle perseguir su propósito y su llamamiento.

Comparto esta historia por varias razones. En primer lugar, siempre he apreciado cómo Dios pudo usar a Pablo de una manera tan poderosa. Inicialmente, se podría argumentar que Pablo era la mayor amenaza para la iglesia primitiva debido a su compromiso de matar cristianos. De todos modos, Dios llamó a Pablo su "instrumento elegido" y lo usó de una manera increíble para difundir el Evangelio y desarrollar la iglesia.

Más importante aún, por el bien de este capítulo, creo que la historia de Pablo comunica una verdad poderosa sobre el propósito. El propósito es dinámico: no es idéntico para cada persona. Si bien la fe debe desempeñar un papel fundamental en la percepción de su propósito, quiero desafiarlo a pensar de manera más específica y crítica sobre por qué Dios lo ha colocado en esta Tierra.

Cuando miramos retrospectivamente la historia de Pablo, reconocemos que Pablo tenía dos propósitos únicos dados por Dios. Se hace referencia a ambos en Hechos 9:15-16:

- Proclamar el nombre de Jesús a los gentiles, a sus reyes y al pueblo de Israel.
- Sufriendo mucho en el nombre de Jesús.

Entonces, ¿por qué era éste el propósito de Pablo? Hay una serie de factores que entran en juego. En primer lugar, había una gran necesidad en el mundo de que alguien cerrara la brecha entre judíos y gentiles. Irónicamente, el hombre que Dios eligió para esta tarea fue alguien que pasó la primera parte de su vida como un judío devoto. Una parte de mí piensa que Dios tiene un gran sentido del humor, y la otra parte cree que Dios elige trabajar de maneras que son incomprensibles e indignantes para los estándares humanos, de modo que ro tenemos otra explicación posible para lo que está sucediendo fuera del increíble poder de Dios. .

Al mismo tiempo, pensemos en lo que sabemos sobre la personalidad de Pablo incluso antes de su conversión en el camino a Damasco. En primer lugar, Paul era increíblemente apasionado. Pablo comparte brevemente sobre su pasado en Filipenses 3:5-6 (NTV):

> *"Fui circuncidado cuando tenía ocho días de vida. Soy un ciudadano de Israel de pura cepa y miembro de la tribu de Benjamín, ¡un verdadero hebreo como no ha habido otro! Fui miembro de los fariseos, quienes exigen la obediencia más estricta a la ley judía. Era tan fanático que perseguía con crueldad a la iglesia, y en cuanto a la justicia, obedecía la ley al pie de la letra. ".*

A menudo pensamos en los fariseos desde una perspectiva negativa. Esto se debe a que, en la narrativa del Evangelio, los fariseos son los antagonistas. Se oponen a Jesús y eventualmente desempeñan un papel importante al facilitar su ejecución. Sin embargo, los fariseos se originaron como un grupo dedicado al cumplimiento más estricto de la ley. Aunque sus intenciones inicialmente eran buenas, con el tiempo sus acciones "rectas" se volvieron equivocadas. Eran eruditos profundamente apasionados y conocedores que tomaban su fe muy en serio.

Esta descripción nos da algunas pistas sobre la persona que era Pablo. Él conocía la Torá. Valoraba su fe y trabajó duro para aplicarla en cada área de su vida. Como erudito, estaba bien preparado para pensar en conceptos difíciles a un alto nivel. Cuando piensas en lo bien que Pablo conocía las Escrituras hebreas por dentro y por fuera, comienzas a comprender cómo pudo incorporar efectivamente las Escrituras hebreas en muchas de sus cartas del Nuevo Testamento.

A estas alturas, es de esperar que estés empezando a ver cómo las necesidades del mundo y la personalidad única de Pablo se cruzaron de una manera poderosa para producir el propósito que Dios le había dado. Frederick Buechner dijo una vez: "El lugar al que Dios te llama es el lugar donde se encuentran tu profunda alegría y la profunda hambre del mundo."

Al igual que Pablo, su propósito puede estar en la intersección entre sus pasiones más profundas y los problemas y cuestiones actuales del mundo. Además, es muy probable que tus pasiones, habilidades y circunstancias únicas puedan brindarte pistas sobre tu propósito. Quizás siempre te ha gustado pintar o dibujar, entonces decides que tu propósito es reflejar la gloria de Dios en la creación mediante la creación de impresionantes obras de arte que representan la belleza de la creación de Dios.

El propósito de cada persona es único y determinarlo puede llevar algún tiempo. Sin embargo, es un proceso importante de experimentar, especialmente debido a las importantes ventajas de aclarar su propósito. Aquí hay algunos beneficios que experimentará cuando pueda articular claramente su propósito y cuando se comprometa a vivir según su sentido de propósito cada día:

- **Puede establecer metas sólidas para el futuro.** Podemos ser más reactivos ante preocupaciones instantáneas y tareas urgentes cuando pensamos en el corto plazo. Cuando miramos hacia el futuro, es más fácil planificar en función de lo que más queremos.
- **Sabes cuándo decir "sí" y cuándo decir "no."** Si vive con un fuerte sentido de su propósito, puede decidir claramente qué esfuerzos valen la pena y qué oportunidades son distracciones.
- **Puedes desarrollar resiliencia en la adversidad.** Vivir con un propósito no significa que su vida será perfecta, pero sí significa que le resultará más fácil mantenerse concentrado y avanzar a medida que enfrente los desafíos.
- **Puedes rodearte de personas que tengan valores similares.** Dado que a menudo adoptas las cualidades y rasgos de las personas que te rodean, puedes reforzar tu propósito estableciendo relaciones con personas que comparten tus valores.

En última instancia, vivir tu propósito te dará una poderosa sensación de gozo y la sensación de que estás siguiendo el llamado de Dios. Te sorprenderá ver cómo Dios puede obrar cuando das un paso de obediencia y persigues el propósito que Dios ha determinado para tu vida.

Quizás te resuene la idea de encontrar tu vocación en la vida, pero te cuesta saber por dónde empezar. Si bien aclarar su propósito ciertamente puede requerir algo de trabajo, vale la pena intentar ayudarte a imaginar cómo encontrar más satisfacción y significado en la vida. A medida que comiences a comprender tu propósito, también se posicionará para generar un mayor impacto en tu familia y comunidad.

Con esto en mente, me encantaría ayudarte a pensar cuál podría ser tu propósito único. Aquí hay cinco preguntas que pueden darte ideas o estimular tu imaginación:

- **¿Cómo quiero que la gente me recuerde?** Piensa en lo que tus amigos y familiares podrían decir en tu funeral. ¿Qué tipo de legado quieres dejar atrás? Esto puede revelar pistas sobre su propósito o vocación en la vida.

- **¿Si pudiera agitar una varita mágica y solucionar un problema en el mundo, cuál sería?** Recuerde, el propósito puede surgir en la intersección entre tu pasión y las necesidades del mundo. ¿Entonces, qué te mantiene despierto por la noche? ¿Qué injusticia o insuficiencia te hace sentir físicamente mal del estómago?

- **¿Qué me da energía?** ¿Qué podrías hacer durante horas y no aburrirte ni cansarte nunca? Cada persona está formada de manera diferente, e identificar lo que naturalmente te trae alegría puede proporcionar fácilmente pistas sobre tu vocación.

- **¿Qué hago mejor que el 90% de las personas en el mundo?** La competencia o la aptitud natural también pueden revelar tu propósito. Existe la posibilidad de que Dios te haya bendecido con habilidades y capacidades únicas para guiarte hacia tu llamado.

- **¿Si el dinero no fuera un problema, en qué gastaría mi tiempo?** Imagínate que ganaría la misma cantidad de dinero independientemente de tu trabajo. ¿Qué tipo de trabajo elegirías hacer? Cuando eliminas el dinero de la ecuación, mides el éxito con diferentes métricas (cumplimiento, impacto, etc.) y comprendes mejor tus valores y pasiones.

- **¿Si no tuviera miedo de nada, qué haría?** Dios puede llamarte a algo que te asusta, pero también te dará la fuerza que necesitas. A medida que vivimos nuestro llamado a pesar de nuestro miedo, nuestra relación con Dios se fortalece a medida que profundizamos nuestra confianza en Dios.

Algunas personas pueden sentir miedo cuando empiezan a pensar en su propósito o llamado a un nivel más profundo. Esta es la respuesta natural de su cerebro a situaciones desconocidas. Sin embargo, es probable que tengas que superar el miedo y dar un paso de fe si vas a perseguir el propósito o el llamado de Dios en tu vida. Recuerde las palabras de Pablo en 2 Timoteo 1:7 (NIV) "Porque no nos ha dado Dios espíritu de temor, sino de poder, de amor y de dominio propio."

A veces, el camino para abandonar el miedo y confiar en el poder de Dios es una búsqueda en sí misma. Si necesita más pruebas, no busques más que la historia de Gedeón. Cuando nos encontramos con Gedeón en Jueces 6, él está trillando trigo en el fondo de un lagar para que los madianitas no encuentren su grano. Por lo general, la trilla del trigo se realiza en un área elevada al aire libre para que el viento pueda llevarse la paja. Sin embargo, Gedeón tenía miedo de los madianitas, por lo que adoptó un enfoque no convencional. Sus circunstancias únicas reflejaban la extraña posición en la que se encontraban los israelitas en ese momento. Estaban oprimidos y luchaban por sobrevivir bajo el gobierno madianita.

El ángel de Dios se acercó a Gedeón en esta situación con una poderosa declaración: "¡Guerrero valiente, el Señor está contigo!" Me encanta la ironía de este momento. Puede que Gedeón esté trillando trigo en un hoyo, pero a los ojos de Dios, es un guerrero poderoso. Por supuesto, Gideon no se veía a sí mismo de esa manera. Rechazó el reclamo del ángel e incluso cuestionó la soberanía de Dios en medio de su situación. "'Señor', respondió Gedeón, 'si el Señor está con nosotros, ¿por qué nos ha sucedido todo esto?'" (Jueces 6:13, NTV) Incluso acusa a Dios de abandonarlos y entregarlos a sus enemigos.

Dios responde asegurándole a Gedeón que ha llegado el momento de la redención. Dios le dice a Gedeón que él será quien rescatará a Israel de las manos de Madián. Aunque Dios es quien le encarga a Gedeón actuar, Dios también reconoce la fuerza que Gedeón aporta. Ten en cuenta este detalle: volverá a entrar en juego más adelante.

Una vez más, Gideon no está del todo de acuerdo con este plan. Se pregunta si tiene la capacidad de rescatar a Israel debido a su baja posición dentro de su familia y su comunidad tradicionalmente débil. El estímulo de Dios es simple. Dios no intenta disuadir a Gedeón de sus sentimientos. Dios no le asegura a Gedeón que es mejor ce lo que cree. Todo lo que Dios dice es: "Yo estaré contigo."

A medida que avanzamos en la búsqueda que es nuestra vida, nunca olvidemos esta poderosa verdad. No importa a dónde vayamos o qué mano nos toquen, Dios siempre está con nosotros. Como Dios le dijo a Josué en Josué 1:9, podemos ser fuertes y valientes porque recordamos que Dios está con nosotros en cada paso.

Si estás leyendo esta frase ahora mismo, estás llamado a un propósito único. Dios te ha dotado de rasgos y cualidades especiales que puedes utilizar para generar un impacto en el mundo. Cuando Dios anima a Gedeón, no sólo le recuerda su presencia. También instruye a Gedeón a concentrarse en sus propias fortalezas. Ayuda a Gideón a ver que está equipado para la tarea que tiene entre manos, incluso si no se da cuenta de sus propias capacidades.

No digo esto para hacer que Gedeón sea más héroe de lo que realmente era (aunque para ser justos, Dios mismo llamó a Gedeón héroe). Digo esto porque, al igual que tú y yo, Gedeón fue creado con fortalezas y capacidades dadas por Dios que se alineaban con el propósito que Dios había diseñado para su vida. Dios, en su conocimiento previo, sabía que Gedeón algún día estaría en condiciones de sacar a Israel de la opresión madianita y creó a Gedeón con los dones y las fortalezas necesarias para hacer bien el trabajo.

Es posible que todavía estés averiguando cuáles son tus dones y que no tengas plena claridad sobre el camino que tienes por delante. Déjame animarte a seguir adelante de todos modos. No tengas miedo de dar el primer paso y ponerte en marcha. Dios está contigo en cada paso del camino y Él es más grande que cada uno de tus miedos. Una vez que tengas una idea del propósito de Dios y del llamado para tu vida, espero que también comiences a ver cómo Dios te creó con atributos específicos para servirte bien mientras persigues el propósito que Dios eligió para ti.

Mientras piensa en cómo aplicar este capítulo, dedica tiempo a la oración, pidiendo sabiduría y claridad en torno al propósito que Dios ha elegido para su vida. Pide sabiduría y claridad mientras buscas oportunidades para utilizar tus dones y servir a las personas que te rodean. Tu relación con Dios crecerá a medida que pienses en los planes que Dios tiene para tu vida.

Preguntas prácticas

1. ¿Cuánta claridad tienes actualmente sobre el propósito de tu vida? ¿Qué preguntas tienes todavía?

2. ¿Cuál de las cinco preguntas anteriores en el capítulo sobre cómo identificar tu propósito te hizo reflexionar o te resultó más significativa?

3. ¿Qué te impide vivir plenamente según tu sentido de propósito? ¿Es miedo, incertidumbre o algo más?

4. ¿Cuál es un paso que puedes dar para vivir mejor tu propósito?

CAPÍTULO DOS:
DEFINIENDO TUS VALORES
FUNDAMENTALES

Si alguna vez has volado con Southwest Airlines, sabrás que funcionan de manera muy diferente a cualquier otra aerolínea importante. Para empezar, no asignan asientos. Una vez que abordas el avión, los asientos están abiertos y puedes elegir cualquier lugar que desees en el avión. A menos que estés volando con un niño pequeño y te exijan el asiento de la ventana y te deleguen al asiento del medio (puede que hable o no por experiencia propia).

Otra diferencia importante con Southwest es el comportamiento relajado de muchos de los miembros de su tripulación. No es raro que los asistentes de vuelo hagan bromas durante el proceso de instrucción de seguridad o que los pilotos mezclen una dosis de humor o autodesprecio en sus actualizaciones de vuelo que de otro modo serían rutinarias.

Muchos clientes disfrutan de esta nueva versión de los viajes aéreos, pero otros no. De hecho, un cliente específico decidió que ya había tenido suficiente. Comenzó a escribir quejas a Southwest después de cada vuelo. Estaba frustrada por la falta de asignación de asientos, la ausencia de comidas a bordo y su imposibilidad de sentarse en primera clase porque Southwest no ofrecía diferentes clases de asientos.

Para que quede claro: no escribió sólo una carta. De hecho, se hizo famosa dentro del departamento de atención al cliente de Southwest, y algunos miembros del equipo incluso comenzaron a llamarla "Amigo por correspondencia". Sin embargo, con el tiempo, los representantes tuvieron dificultades para dar respuestas a su correspondencia en curso y finalmente llevaron una carta a Herb Keller (Herb en español es hierba), director ejecutivo de Southwest en ese momento. Herb decidió responderle él mismo a este cliente y escribió una breve respuesta en menos de sesenta segundos:

"Estimada Sra. manzano silvestre,

Te extrañaremos.

Con amor, Hierba".

Me encanta esta historia porque muestra lo que hace que Southwest Airlines sea única. Saben quiénes son y saben lo que no son. Más importante aún, han determinado que la humildad y la amabilidad se encuentran entre sus principales valores y están dispuestos a ver a los clientes alejarse si esos rasgos no se alinean con lo que buscan de su aerolínea. También me pregunto por qué esta mujer siguió volando en la aerolina Southwest si tenía tantos problemas con ellos, pero esa es una conversación para otro día.

Ya sea usted una importante aerolínea nacional o una persona que intenta vivir su búsqueda interminable, conocer sus valores fundamentales es esencial. Tus valores fundamentales afectarán no sólo lo que haces sino también cómo lo haces. Cada vez que incorporo a un nuevo miembro al equipo del restaurante, siempre recito el "ultra propósito" de nuestro restaurante. Aunque te sorprenda, tiene muy poco que ver con cómo hacer sándwiches de pollo, preparar los pedidos de los clientes o mezclar deliciosos batidos (nunca revelaré nuestro secreto).

No es que no crea que estas cosas sean importantes. Obviamente, soy propietario y administro un restaurante, y la gente no vendría si no les diéramos de comer. Sin embargo, en mi Chick-fil-A[1], nos preocupamos por mucho más que servir un delicioso pollo. Aunque pensamos que nuestra comida es fantástica, existimos para algo más grande.

Si nunca ha visitado la página de valores de la empresa Chick-fil-A, le invito a que la consulte. Aprenderá por qué los restaurantes cierran los domingos y qué es lo que más les importa como organización. Descubrirá el propósito fundamental de Chick-fil-A: "Glorificar a Dios siendo un administrador fiel de todo lo que se nos ha confiado y tener una influencia positiva en todos los que entran en contacto con Chick-fil-A". Escuchará más sobre el compromiso de Chick-fil-A de crear una cultura de pertenencia al incluir personas con orígenes y experiencias únicas. Incluso leerá algunas de las ideas de la empresa sobre la innovación y cómo se refleja en

---

[1] https://www.chick-fil-a.com/about/who-we-are

todo, desde el compromiso con el reciclaje y los esfuerzos por crear menús aptos para los padres.

En resumen, descubrirá rápidamente que Chick-fil-A se basa en un propósito sólido y un conjunto claro de valores. Pasamos el primer capítulo discutiendo la importancia del propósito y cómo eso impacta nuestras actividades en la vida. Los valores y el propósito van de la mano, aunque no son lo mismo.

En pocas palabras, si me dice su propósito, sabré lo que está tratando de lograr. Si me dices tus valores, sabré lo que te importa. Podría deducir lo que te importa al escuchar tu propósito, y puedo deducir cuál es tu propósito si me cuentas tus valores. Una vez más, los valores y el propósito están profundamente conectados, incluso si no son idénticos.

Chick-fil-A valora la diversidad, la inclusión, la familia, la participación comunitaria y la innovación, entre otras cosas. Cada valor se conecta con el propósito mayor de la organización. Reconozco que estas palabras pueden provocar una amplia gama de emociones en el mundo actual. Para mí, estas palabras simplemente comunican cuidado y preocupación por todos los que cruzan las puertas. Se esfuerzan por tratar a todas las personas con honor, dignidad y respeto porque son seres humanos hechos a imagen de Dios.

Como propietario de Chick-fil-A, me preocupa profundamente infundir estos valores en el trabajo de mi franquicia local. Es lo que me llevó a iniciar el blog "Pursuit."[2] en el sitio web Grow University de nuestro

---

[2] https://growuniversitychickfila.com/blog

restaurante. Es lo que me motiva a ofrecer matrícula universitaria gratuita a los miembros del equipo. Es por eso que nuestro restaurante ha donado más de $750,000 a nuestra comunidad en donaciones de alimentos y apoyo, junto con $150,000 en donaciones de alimentos a nuestros refugios locales para personas sin hogar. Eso es sólo hasta el momento de escribir este libro; estas cifras deberían seguir creciendo en el futuro.

Todas estas contribuciones e iniciativas se conectan con el ultra propósito de nuestra tienda: "No estamos aquí solo para vender pollo. Estamos aquí para marcar una diferencia en las vidas de cada miembro del equipo y visitantes. Cuando las personas se convierten en nuestro enfoque, venderemos más pollo de lo que jamás podríamos imaginar."

Como propietario/operador de Chick-fil-A, mis principales valores son el servicio, la intencionalidad y hacer un esfuerzo adicional. Quiero marcar la diferencia en la vida de cada persona que come en nuestro restaurante. Quiero miembros del equipo que estén dispuestos a llevar sus esfuerzos al siguiente nivel debido a su amor por las personas. Creo que si lo hacemos bien, venderemos pollo más que suficiente.

En última instancia, el deseo de mejorar nuestra comunidad local me saca de la cama por la mañana. Creo que no estoy en el negocio de los pollos sino en el negocio de las personas. [3]En la introducción les conté sobre el tiempo que pasé como pastor de jóvenes en una pequeña iglesia en Pensilvania. Aunque ya no trabajo en

---

[3] https://growuniversitychickfila.com/people-not-chicken

el ministerio tradicional de la iglesia a tiempo completo, me veo haciendo ministerio todos los días sirviendo a nuestros invitados y miembros del equipo.

Puedes ver cómo mi propósito y mis valores impactan el trabajo que hago cada día en nuestro restaurante. Cómo valoro a las personas, abordo los negocios de manera muy diferente que si estuviera más preocupado por las ganancias o el crecimiento. No hay nada de malo en esas cosas; de hecho, necesita ganancias y crecimiento para tener un negocio saludable. No somos una organización benéfica sin fines de lucro y podemos invertir mejor en las personas a medida que aumentan las ganancias. Al mismo tiempo, desde mi perspectiva, las personas tienen prioridad. Y esta percepción impacta todo lo que hago.

Identificar sus valores fundamentales puede ser un ejercicio increíblemente poderoso. Cuando comprenda lo que le importa y lo que lo impulsa a hacer lo que hará, podrá tomar decisiones intencionales sobre cómo emplea su tiempo y hacia dónde dirige su atención.

Si nunca ha dedicado tiempo a pensar en sus valores fundamentales, le animo a que reflexione sobre los rasgos y cualidades más importantes para usted. Piense en qué objetivos y resultados está dispuesto a hacer sacrificios para lograr. Considere cómo gasta su tiempo y dinero y qué dice eso sobre lo que realmente le importa. Pregunte a los demás cuáles identificaron como sus valores fundamentales según lo que saben sobre usted.

Lo más importante es que recuerde que no está limitado por su situación actual. Ésta es una verdad fundamental sobre "La Búsqueda Interminable.". No tienes que quedarte donde estás. Tienes todo el poder para avanzar, pero a menos que identifiques hacia dónde quieres ir, seguirás deambulando sin rumbo fijo. Por otro lado, una vez que empieces a trabajar y descubras lo que ya hay y lo que podría mejorar, empezarás a darte cuenta de que controlas tus valores más de lo que crees.

Aprecio la forma en que Patrick Lencioni habla de los valores en su libro más vendido "La Ventaja." Aunque habla principalmente de valores organizacionales, creo que estas enseñanzas también pueden aplicarse a los individuos. Según Lencioni, existen cuatro tipos principales de valores:

- **Valores aspiracionales.** Estos son los valores que no tienes actualmente pero que te gustaría tener algún día. Por ejemplo, si no es bueno administrando el dinero pero le gustaría ser mejor ahorrando y presupuestando, la administración podría ser un valor al que aspira.
- **Valores de permiso para jugar.** Estos representan los estándares mínimos basados en su situación o comunidad, pero no lo hacen diferente ni único. En otras palabras, ducharse y cepillarse los dientes con regularidad no significa necesariamente que valores la higiene: es algo que todo el mundo hace.
- **Valores accidentales.** Los valores accidentales son aquellos con los que te topas sin querer y pueden tener o no un propósito. Es la persona que se acostumbra tanto a parar a tomar un café de camino al trabajo que su viaje matutino de

café en auto se convierte accidentalmente en uno de sus valores.

- **Valores fundamentales.** Los valores fundamentales son los 3 o 4 atributos y cualidades más importantes para nosotros. Se alinean con nuestro propósito y están conectados con nuestras pasiones y objetivos.

Una lección que extraigo de este marco es que no todos los valores se crean por igual. El valor que veo en el cuidado de mi familia (que calificaría como un valor fundamental) es diferente del valor accidental que veo en mezclar Chick-fil-A y salsa Buffalo.[4]

Otra conclusión es que los diferentes valores se crean de diferentes maneras. Algunos valores se crean accidentalmente. Otros valores, como los valores de permiso para jugar, están influenciados por nuestro entorno. Pero ¿qué pasa con los valores fundamentales? ¿De dónde vienen y cuánto control tenemos sobre lo que más valoramos?

Cuando somos niños, se nos enseña sobre el significado y la importancia. Nuestros padres son nuestros principales ejemplos, pero también aprendemos bastante de profesores, entrenadores, otros adultos, amigos y la sociedad. Es posible que pasemos por una experiencia personal que afecte la forma en que vemos el mundo y lo que percibimos como importante.

Si bien hay muchas fuentes que pueden contribuir a nuestros valores, comparten una cosa en común: provienen de fuentes externas. Esto significa que sin

---

[4] En serio, es la mejor combinación de salsa. Darle una oportunidad.

reflexión y contemplación personal, podemos permitir que otros elijan nuestros valores por nosotros. Debemos estar dispuestos a dedicar el tiempo y la energía necesarios para pensar profundamente sobre lo que es más importante para nosotros y cómo podemos vivir una vida basada en nuestros principales valores.

Mientras continuamos pensando en los valores fundamentales, examinemos algunos de los valores fundamentales de Jesús mirando algunas historias de Su vida. Rápidamente verás cómo puedes identificar lo que le importa a alguien escuchando sus palabras y observando sus acciones.

- **Integridad.** Los cuatro relatos de los Evangelios cuentan la historia de la tentación de Jesús en el desierto. Durante este tiempo, Satanás lo prueba en múltiples ocasiones, pero no responde a sus peticiones. (ver Mateo 4) Esta historia también nos muestra cómo Jesús valora la perseverancia, el crecimiento en las luchas y la fe en que Dios proveerá en las situaciones más difíciles.
- **Perdón.** Jesús pasó mucho tiempo sanando a personas de diversas enfermedades y condiciones. Dado que la creencia común en ese momento era que las condiciones físicas eran consecuencia del pecado, las curaciones milagrosas de Jesús nos muestran cómo Él valoraba el perdón y la reconciliación. (Ver Mateo 4:23-25, 8:1-7)
- **Humildad.** Jesús habló en muchas ocasiones de revertir el orden tradicional de la sociedad. Animó a sus discípulos a aceptar puestos bajos y con

poco honor, sabiendo que Dios exaltará a aquellos que estuvieran dispuestos a humillarse. También puso a los niños en una posición prominente y animó a sus seguidores a adoptar una posición similar (ver Mateo 11 y 18).

- **Inclusión.** Jesús dio la bienvenida y aceptó a los gentiles, un grupo de personas que durante mucho tiempo habían sido excluidos por los líderes religiosos judíos. Pasó tiempo enseñando y sanando a los gentiles durante Su ministerio terrenal. Si bien Jesús era para todos, los amó demasiado como para permanecer como estaban y los llamó a ser como Él. (ver Mateo 15).

- **Servicio.** El compromiso de servir a los demás es una aplicación natural del valor de la humildad. Cuando elevas las necesidades de los demás a expensas de las tuyas propias, te sientes impulsado a servir a los demás de la misma manera que lo hizo Jesús (ver Mateo 20:26-28).

- **Sacrificio.** Si un valor fundamental es algo por lo que estás dispuesto a sacrificarte, no hay mayor sacrificio que el que Jesús hizo por ti y por mí en la cruz. A través de la muerte y resurrección de Jesús, aprendemos que Dios valora la misericordia, el perdón y la salvación de cada persona que pone su confianza en Jesús.

A través de la vida y el ministerio de Jesús, obtenemos una imagen clara de los rasgos y cualidades que Él valora. Como Sus discípulos, estamos llamados a emular[imitar de forma muy cercana] Su actitud y prácticas en la forma en que vivimos nuestras vidas. Si

Jesús valoraba atributos como la integridad, el perdón, la humildad, la inclusión, el servicio y el sacrificio, es lógico que nosotros, como seguidores de Cristo, sigamos su ejemplo.

Llegarán momentos en los que te sentirás tentado a abandonar tus valores fundamentales y reaccionar a lo que está sucediendo en ese momento. La vida es dura. Créame, he experimentado una buena cantidad de luchas y obstáculos. Aunque estoy lejos de ser perfecto, creo que los tiempos de adversidad son los momentos exactos en los que debes tomar decisiones basadas en tus principales valores.

Una de mis historias favoritas en toda la Biblia es la historia de José. José fue uno de los doce hijos de Jacob y su primer hijo con Raquel, la mujer de la que se enamoró instantáneamente después de la primera vez que la vio. Debido a esto, Jacob favoreció a José y le regaló una túnica especial para simbolizar su afecto (ver Génesis 37:3).

Como puedes imaginar, los hermanos de José estaban celosos del trato preferencial que recibía de su padre. Para empeorar las cosas, José habló abiertamente de sus sueños, donde algún día gobernaría a sus hermanos y a su padre. Debido a sus celos, los hermanos de José idearon un plan para quitarle la vida. Al final, decidieron venderlo como esclavo en Egipto en lugar de asesinarlo (pero le dijeron a Jacob que un animal salvaje lo devoró).

Probablemente sepas lo que sucede después si has escuchado esta historia antes. Sin embargo, hagamos una pausa para considerar una pregunta. ¿Qué habrías hecho tú en esta situación? ¿Habrías caído en un cinismo perpetuo? ¿Estarías convencido de que el mundo era horrible y que todo el mundo quería atraparte? ¿Te llenarías de venganza y del deseo de vengarte?

Me encanta esta historia porque la respuesta de José no fue la que nadie esperaría. José respondió con fe e integridad en lugar de guardar rencor contra sus hermanos. Respondió a su situación con propósito y convicción en lugar de reaccionar con ira o frustración.

Una vez que llegó a Egipto, se convirtió en esclavo en la casa de Potifar, un funcionario egipcio de alto rango. Potifar quedó impresionado con José y le confió a José todo lo que había en su casa. Sin embargo, la relación terminó mal cuando la esposa de Potifar le mintió a su marido y le dijo que José intentó seducirla. Esta afirmación falsa llevó injustamente a José a prisión, donde nuevamente encontró el favor de los individuos a cargo debido a su carácter y diligencia.

Al final, José llegó al poder en Egipto. Fue liberado de la esclavitud y nombrado segundo al mando del faraón. Se reconcilió con sus hermanos e incluso volvió a ver a su padre durante su reinado. Aunque su historia termina con una nota alta, no elimina las luchas y obstáculos que enfrentó a lo largo de su vida. Al mismo tiempo, ese no es el punto.

Al recordar esta historia y considerar lo que significa hoy, debemos recordar que los obstáculos son inevitables. Mi propio pastor ha predicado: "O estamos en una tormenta, saliendo de una tormenta o a punto de entrar en una." Lo que importa no es si experimentamos obstáculos sino cómo respondemos cuando enfrentamos la adversidad.

La capacidad de perseverar en tiempos difíciles es un componente clave de La búsqueda interminable, y es lo que para mí destaca de la vida de Joseph. José no permitió que sus luchas lo derrotaran ni comprometieron sus valores. En cambio, José brilló más cuando las probabilidades estaban en su contra. Se apoyó en su fe y carácter a pesar de lo que sucedía a su alrededor.

Al reflexionar sobre su viaje al final de su vida, José compartió un poderoso mensaje con sus hermanos. Reconoció que tenían la intención de hacerle daño con sus acciones, pero les recordó cómo Dios decidió usar la situación para bien.

La declaración de José es una perspectiva poderosa sobre el increíble poder redentor de Dios. Al mismo tiempo, es una invitación a ver la mano de Dios en todas las etapas de la vida: las buenas, las malas y las feas. Nos recuerda que debemos vivir nuestros valores fundamentales y nuestra fe, incluso cuando nos enfrentamos a la adversidad. Finalmente, es un estímulo que tal vez no sepamos lo que nos espera, pero Dios siempre tiene el control, y Dios obrará de maneras misteriosas cuando damos un paso atrás y le permitimos guiar nuestras vidas.

Al concluir este capítulo y tratar de hacer que estas enseñanzas sean prácticas, es importante reconocer que todos nos encontramos en diferentes puntos del viaje. Algunas personas tendrán una comprensión clara de sus valores principales y de cómo ponerlos en práctica. Es posible que otros todavía están atravesando el proceso de nombrar sus valores, y algunas personas pueden carecer de claridad sobre cómo vivir sus valores de una manera significativa.

Como todo en este libro, vivir según tus valores es un viaje. No es algo que jamás terminarás o completarás, y no puedes tacharlo de tu lista. Sin embargo, siempre existe la oportunidad de seguir adelante. Una de mis preguntas favoritas es: "¿Cuál es un paso que es lo suficientemente grande como para marcar una diferencia pero lo suficientemente pequeño como para tener un impacto?" Hablaremos más sobre esto más adelante, pero por ahora, considere esta pregunta mientras piensa en cómo identificar y practicar sus valores de manera más consistente. ¿Qué podrías hacer hoy de manera realista que tendría un impacto significativo?

Preguntas de aplicación

1. Piensa en cómo gastas tu tiempo y dinero. ¿Qué dice esto sobre tus valores?

2. ¿Cuál es la brecha entre sus valores aspiracionales y sus valores reales? ¿Cómo se puede cerrar esta brecha?

3. Piensa en la lista de los valores fundamentales de Jesús. ¿Qué valor te resulta más fácil de ejemplificar? ¿Cuál es el más difícil?

CAPÍTULO TRES: ESTABLECER METAS SIGNIFICATIVAS

Desde que nos mudamos a Iowa, mi hija menor se obsesionó con la gimnasia. Para ser honesto contigo, su dedicación es bastante admirable. Está dispuesta a pasar horas practicando y entrenando en el gimnasio, incluso si eso significa repetir los mismos movimientos repetidamente. Luego, volverá a casa e inmediatamente comenzará a trabajar en su trampolín o barra de equilibrio después de cruzar la puerta.

Me canso sólo de pensar en la cantidad de tiempo y energía que ella está dispuesta a invertir en perfeccionar su rutina. ¡No conozco a mucha gente que pueda pasar seis horas en una práctica organizada y luego regresar a casa e inmediatamente comenzar a trabajar de forma independiente!

Lo que es aún más sorprendente es el hecho de que no compitió en su primer evento hasta varios años después de comenzar a entrenar. Si bien puede resultar impactante escucharlo, en realidad es bastante normal para la mayoría de las gimnastas de alto nivel. Deben practicar los movimientos básicos hasta alcanzar el punto de dominio en el que puedan completar estas acciones de forma inconsciente. Cuanto más práctica mi hija (o cualquier otra gimnasta) sus habilidades, más naturales o habituales se vuelven.

La última habilidad que mi hija tuvo que aprender antes de poder competir en el equipo de los Juegos Olímpicos Juveniles fue un movimiento llamado "kip" (mantenlo). Si alguna vez has visto a gimnastas de alto nivel en la televisión durante los Juegos Olímpicos de verano, probablemente hayas visto el kip sin darte cuenta de lo que estaba sucediendo. Al realizar el kip, una gimnasta salta para agarrarse a la barra baja y balancea su cuerpo hacia abajo con los brazos extendidos mientras se eleva por encima de la barra. Cuando terminan, se mantienen en alto mientras apoyan la cintura en la barra que tienen delante.

Aunque los atletas expertos hacen que el kip parezca sencillo y sin esfuerzo, en realidad es un gran desafío. Todos los ganadores de la Medalla de Oro, en algún momento, pasaron varios meses trabajando para dominar este movimiento, y mi hija no fue la excepción. Pasó varios meses entrenando sin ningún resultado. Expresó sentimientos de frustración y desánimo al hablar con su mamá y conmigo. Por momentos pensó que nunca podría realizar el kip, pero no dejó de intentarlo.

Un día, durante nuestro tiempo de oración familiar, le pidió a Dios sabiduría para poder realizar el kip. Para nuestro asombro, ella hizo el kip por primera vez unos días después y ha podido hacerlo fácilmente desde entonces. Puede parecer natural para los espectadores que la ven competir por primera vez (y puede que no parezca un movimiento que requiera habilidad avanzada), pero sé lo duro que trabajó para dominar ese movimiento.

Extrage algunas lecciones clave de esta historia. En primer lugar, nunca debemos subestimar el poder de la oración o la capacidad de Dios para hacer por nosotros lo que nosotros no podemos hacer por nosotros mismos. Una vez escuché a alguien decir que no deberíamos dejar nada librado al azar, sino que deberíamos dejar espacio para que Dios obre. Creo que eso es lo que hizo mi hija en esta situación. Controló lo que estaba dentro de su poder y al mismo tiempo reconoció que la provisión de Dios sería la fuerza que la empujaría a la cima.

Además, tenemos que recordar que alcanzar nuestros objetivos requiere mucho trabajo. Vivimos en un mundo en el que puedes convertirte en un éxito de la noche a la mañana si te vuelves viral en YouTube. Si bien esto es cierto para el . 001 por ciento de las personas, la mayoría de nosotros tenemos que trabajar duro y perseverar durante años para experimentar el verdadero éxito. Esto es difícil de aceptar en un mundo donde tenemos entregas el mismo día y un servicio de telefonía celular 5G que carga nuestras páginas web y aplicaciones favoritas en una fracción de segundo. Sin embargo, cuando recordamos que la verdadera alegría en la vida proviene de la búsqueda y no sólo de llegar a un destino en particular, este recordatorio es bastante alentador.

Una vez que tengas una idea clara de tus valores y tu propósito, podrás comenzar a hacer que estos conceptos sean viables en forma de objetivos claros y cautivadores. Siempre he tenido una fascinación personal por los objetivos. Establecer metas le permite crear su futuro ideal mientras le ofrece a su yo actual un mayor sentido de propósito y dirección.

Piénselo de esta manera: si la vida es una búsqueda, las metas son las paradas que planea hacer en el camino. No son fines en sí mismos, sino puntos de control o hitos en el camino hacia su destino final.

Quizás esté interesado en trabajar para lograr uno o más objetivos, pero no esté seguro de cómo elegirlos. Profundicemos en algunas preguntas que le ayudarán a considerar qué objetivos podría establecer y qué valor podrían tener para usted.

Pregunta uno: ¿Qué quieres que se haga realidad?

Al considerar lo que quiero que suceda en mi vida en los próximos meses y años, puedo trabajar hacia atrás para crear los pasos necesarios que me ayuden a llegar a donde quiero ir. Este sencillo ejercicio es increíblemente poderoso y te animo a que dediques algo de tiempo a seguir este camino creativo del conejo, especialmente si nunca has imaginado tu futuro preferido.

Empecemos ahora mismo. Imagina tu yo ideal. ¿Qué estás haciendo? ¿Qué estás logrando? ¿Más importante aún, en quién te estás convirtiendo? Ya sea que visualice el corto plazo (3 a 6 meses) o el largo plazo (5 a 10 años), esta puede ser una excelente manera de identificar objetivos potenciales.

Podemos hacer esto aún más práctico imaginando nuestras vidas en dominios específicos. Quizás esté familiarizado con la "Rueda de la vida" de Zig Ziglar. Ziglar creía que nuestras vidas eran como ruedas, con áreas específicas que representaban diferentes radios de la rueda. Desde la perspectiva de Ziglar, la única manera de vivir una vida completa y equilibrada era centrar la atención en cada componente de nuestra vida.

La "Rueda de la Vida" de Ziglar tenía siete radios:

- **Espiritual**. ¿Cómo es tu relación con Dios? ¿Estás viviendo tu fe a diario?
- **Físico**. ¿Cómo está tu salud física y bienestar? ¿Haces ejercicio con regularidad, come alimentos saludables y te cuidas?
- **Mental**. ¿Cómo está tu salud mental? ¿Está encontrando oportunidades para aprender leyendo libros o tomando clases?
- **Personal**. ¿Se siente personalmente realizado y satisfecho? ¿Estás estableciendo objetivos significativos, participando en pasatiempos que te traen alegría y sintiéndote satisfecho con tu contexto y comunidad actual?
- **Familia**. ¿Cómo son sus relaciones con familiares, amigos y otros seres queridos? ¿Tiene relaciones cercanas con personas que lo apoyan y valoran?
- **Financiero**. ¿Estás siendo un buen administrador con los recursos financieros que tienes? ¿Puedes pagar tus cuentas mientras ahorras e inviertes en tu futuro?

- **Carrera** profesional. ¿Qué tan satisfecho está con su trabajo actual? ¿Estás tomando medidas para hacer crecer tu carrera y aumentar tu impacto?

Mientras lees cada una de estas categorías, probablemente identifiques uno o dos ámbitos en los que sientes algún grado de tensión o insatisfacción. Quizás estas sean las áreas en las que es necesario fijar algunas metas para el futuro. Imagina lo que quieres que sea verdad en estos dominios y crea metas que te ayuden a llegar a donde deseas ir.

Pregunta dos: ¿Qué es lo que te atrasa?

Al pensar en cómo quieres que sea el futuro, también puedes comenzar a reconocer la brecha que existe entre dónde te encuentras y dónde quieres estar. Inicialmente, ver la brecha puede resultar desalentador. Sin embargo, una vez que notas que existe, también comienzas a generar ideas para objetivos potenciales que pueden ayudarte a cerrar esa brecha.

Por ejemplo, digamos que quieres correr un maratón, pero no estás satisfecho con tu dieta actual. Su objetivo inicial podría ser registrar tus calorías cada día o limitarse a una comida chatarra o un postre por semana. Si deseas iniciar un segundo negocio pero actualmente no tienes dinero ahorrado, tu primer objetivo puede ser reservar $1, 000 de fondos adicionales para ayudarte a hacer despegar su nuevo negocio.

Para mi es difícil adoptar esta perspectiva debido a mi deseo de ver resultados instantáneos. Si yo fuera el que a su edad estuviera entrenando para ser gimnasta y no mi hija, probablemente habría abandonado el kip después de unas semanas. Desde entonces he aprendido que el progreso lleva tiempo.

Una pregunta que me ayuda a replantear mis expectativas de gratificación instantánea es: "¿Cuál es un paso que es lo suficientemente grande como para tener un impacto pero lo suficientemente pequeño como para ser factible?" Me encanta esta pregunta porque nos obliga a pensar en nuestras aspiraciones a largo plazo junto con el progreso alcanzable a corto plazo. Nos permite ver oportunidades para realizar pequeños cambios que pueden producir una gran diferencia a largo plazo. Estos cambios sutiles pueden no parecer significativos inicialmente, pero si te comprometes a ser consistente, te sorprenderá cómo un pequeño cambio diario puede producir un impacto masivo a largo plazo.

Pregunta tres: ¿Qué marcaría la diferencia?

La mayoría de nosotros sentiremos la tentación natural de pensar principalmente en nuestras propias vidas al responder la primera pregunta ("¿Qué quieres que se haga realidad?"). Si bien esto es comprensible, nuestros objetivos deben centrarse en mejorar la vida de los demás y no sólo la nuestra.

Cuando pienso en una persona que se fija metas basadas en su deseo de servir a los demás, inmediatamente pienso en Jesús. Jesús es la encarnación perfecta de cada uno de los conceptos de este libro, pero su ejemplo es especialmente relevante aquí.

En Lucas 19, Jesús se abre camino a través de Jericó. La noticia se extendió rápidamente por la ciudad por donde pasaba, y grandes multitudes salieron para ver a Jesús y sus discípulos. Un hombre local llamado Zaqueo fue uno de los muchos que salieron a ver a Jesús, pero no podía ver entre la multitud porque era un hombrecito (y como hombrecito que era. Vamos, tenía que esforzarse. Tengo que mencionar la canción de VBS, significa escuela bíblica de vacaciones en inglés o EBV en Español, favorita de todos de alguna manera).

La falta de altura de Zaqueo no fue el único factor que jugó en su contra. Zaqueo también era el principal recaudador de impuestos. En el mundo grecorromano del siglo I, los recaudadores de impuestos eran conocidos por explotar el sistema tributario para su beneficio personal. A menudo cobraban a las personas más de lo que debían y se quedaban con las ganancias. Aunque muchos recaudadores de impuestos eran judíos, trabajaban en conjunto con el gobierno romano y muchos de sus compañeros judíos los consideraban traidores.

Zaqueo no sólo era un recaudador de impuestos sino también el principal recaudador de impuestos. Esto probablemente significaba que había trabajado durante tanto tiempo como recaudador de impuestos que había logrado notable riqueza e influencia, especialmente en el gobierno romano. En otras palabras, Zaqueo probablemente había estado cobrando de más a la gente durante años y era tan bueno en su trabajo que los romanos le dieron un ascenso.

A pesar de su colorido pasado, Zaqueo estaba interesado en ver a Jesús cuando pasaba por la ciudad. Rápidamente se dio cuenta de que no tenía ninguna posibilidad de ver a Jesús entre la multitud, tanto por su falta de estatura física como por la falta de motivación de cualquiera de sus compatriotas para abrirle paso y poder pasar. Al mismo tiempo, Zaqueo fue creativo e innovador y se le ocurrió otra idea sobre cómo podría ver a Jesús. Ve un árbol cerca del camino por donde Jesús estaría caminando y trepa a sus ramas para poder ver a Jesús pasar.

Hagamos una pausa aquí para considerar lo absurdo de lo que está sucediendo. Tenemos a un hombre rico con múltiples subordinados directos y una reputación dentro del gobierno local que trepa a un árbol para poder vislumbrar rápidamente a otro hombre que está dando un paseo con sus amigos. No puedo evitar preguntarme qué habrían pensado otros cuando vieron a Zaqueo ponerse en esta posición, pero sus intenciones eran claras. Por alguna razón, Zaqueo quería ver a Jesús.

Más importante aún, Jesús quería ver a Zaqueo. Jesús ve a Zaqueo en el árbol y le ofrece una invitación. "¡Zaqueo! ¡Rápido, baja! Debo ser un invitado en tu casa hoy." La multitud quedó inmediatamente desconcertada. *¿Por qué querría Jesús pasar tiempo con este hombre? ¿No comprende lo que nos ha hecho? ¿Le importa siquiera todo lo que nos ha quitado a mí y a mi familia?*

Algo acerca de recibir atención de Jesús mismo transformó inmediatamente el corazón y la mente de Zaqueo. Frente a todos, Zaqueo promete ser un hombre diferente en el futuro. No sólo dará la mitad de todo lo que posee a los pobres, sino que también devolverá cuatro veces la cantidad que ha estafado a cualquiera en sus impuestos. Zaqueo no sólo está reparando las malas acciones del pasado, sino que también está adoptando una nueva identidad. Su vida ya no se centrará en la riqueza y la prosperidad a expensas de los demás. A partir de ese momento, la vida de Zaqueo se centraría en elevar las necesidades de los demás y encarnar valores como la honestidad y el servicio.

Jesús responde a esta asombrosa declaración proclamando que Zaqueo ha experimentado la salvación y recordando a todos los presentes que su objetivo era "buscar y salvar a los que están perdidos" (Lucas 19:10, NLT Nueva Traducción Viviente en Español). Este no fue solo un proyecto apasionante para Jesús, sino que fue la primera razón por la que vino al mundo para vivir como hombre. Jesús no persiguió este objetivo simplemente caminando por pueblos al azar y buscando recaudadores de impuestos en los árboles. Logró este objetivo al tomar un árbol por sí solo, llevarlo al Calvario y dar su vida de una manera espantosa por cada pecador que jamás haya existido. Sí, eso nos incluye tanto a ti como a mí.

Cuento esta historia porque es una de mis favoritas en toda la Biblia y porque veo a Jesús encapsulando perfectamente el matrimonio con un propósito claro, valores sólidos y metas bien definidas. El propósito de Jesús, como lo proclamó a Zaqueo y a la multitud en el versículo 10, era buscar y salvar a los perdidos. De esta afirmación aprendemos que Jesús valora alcanzar a los pecadores, darse a conocer a ellos, perdonarles sus pecados y permitirles experimentar la gracia y la salvación.

El propósito y los valores de Jesús se manifiestan en la aplicación práctica de recorrer pueblos, identificar a las personas que están perdidas, establecer relaciones con ellas y mostrarles una mejor forma de vida. Los objetivos de Jesús no eran promover sus propios intereses o deseos, sino promover y elevar el estatus de otros que habían sido pasados por alto o marginados en la sociedad.

Aquí está mi pregunta: ¿y si tuviéramos la misma mentalidad? ¿Qué pasaría si pensáramos en objetivos potenciales no sólo por el valor que podrían aportar a nuestras vidas sino también por las formas en que podrían beneficiar a otros en nuestras familias, círculos sociales, iglesias, lugares de trabajo y comunidad? ¿Qué pasaría si fuéramos conocidos como personas que se preocupan profundamente por utilizar nuestros talentos, intereses y recursos para mejorar la posición de los demás? ¿Qué pasaría si ser las manos y los pies de Jesús fuera nuestra principal búsqueda y si esto se convirtiera en algo que pudiéramos aplicar a nuestra vida diaria a través de las metas que nos propongamos?

Cómo establecer metas poderosas

A estas alturas ya se nota que soy un gran aficionado a las metas. Sin embargo, también creo que no todos los objetivos se crean por igual. Para establecer metas que nos motiven a actuar, debemos aprender a establecer las metas correctas. Esto requiere más tiempo y energía desde el principio, pero es la mejor manera de garantizar que podamos obtener el mayor beneficio al trabajar en (y completar) nuestros objetivos.

Quizás esté familiarizado con el acrónimo SMART y su relación con el establecimiento de objetivos. Aquí hay un desglose básico de lo que significa hacer que una meta sea INTELIGENTE. Los objetivos SMART deben cumplir con cada uno de los siguientes criterios:

- **-S-** Específico. Establecer metas específicas lo ayudará a aclarar lo que desea lograr para que no se sienta confundido acerca del resultado que desea y el trabajo que debe hacer para lograr su objetivo.
- **-M-** Medido. Su objetivo debe ser mensurable para que pueda realizar un seguimiento de su progreso y comprender si lo ha logrado o no.
- **-A-** Alcanzable. Su objetivo debe lograr un equilibrio entre ser lo suficientemente desafiante como para esforzarse y lo suficientemente fácil de lograr en un plazo de tiempo razonable.
- **-R-** Orientado a resultados. No debes elegir metas al azar y no debes perder el tiempo en metas que no se conectan con tu propósito u objetivos más amplios en la vida.
- **-T-** ligado al tiempo. Sin una fecha límite, puede ser fácil posponer las cosas. Trate de completar su objetivo en un momento determinado y sentirá una mayor sensación de urgencia para comenzar (o continuar) trabajando.

También es fundamental que evite algunos de los errores más comunes al establecer objetivos. No caigas en la trampa de pensar que alcanzas una meta sólo porque identificas un resultado deseable. Si eres como yo, es posible que a veces disfrutes más estableciendo metas que persiguiéndolas. Establecer una meta puede ser estimulante; después de todo, cuando eliges una meta, instintivamente piensas en cómo te sentirás al lograrla. Incluso puedes contarle a un amigo lo que estás planeando, lo que aumentará tu entusiasmo.

Sin embargo, viene lo difícil (hacer el trabajo necesario para lograr el objetivo). La prisa inicial por elegir una meta es rápidamente reemplazada por sentimientos de incertidumbre sobre el proceso y la incomodidad de realizar tareas difíciles y desconocidas. Si no aborda con cuidado el proceso de establecer metas y planificar cómo lograrlas, será más probable que abandone prematuramente sus metas y deje su potencial insatisfecho.

Para ayudarlo a prepararse mejor para lograr sus objetivos, me gustaría compartir cinco errores comunes que las personas suelen cometer al elegir inicialmente sus objetivos:

- **Pensar demasiado en grande.** Si su objetivo es demasiado grande, es posible que se desanime si no siente que está progresando. La idea de apuntar a la luna y aterrizar entre las estrellas es sólo parcialmente válida, como veremos a continuación.

- **Pensar demasiado pequeño.** No quieres que tu objetivo sea demasiado grande, pero tampoco quieres elegir un objetivo que no te exija ni te desafíe. No te motivará de la misma manera y no te ayudará a alcanzar tu máximo potencial.

- **Ignorar los obstáculos.** Ignorar los obstáculos en el camino para alcanzar tus objetivos no hará que desaparezcan. Considera de antemano qué desafíos podrías enfrentar en el camino y haz planes con anticipación sobre cómo abordar los problemas potenciales.
- **Ignorar el progreso.** Uno de los mayores errores que cometen las personas con grandes logros es no tomarse el tiempo para celebrar su progreso. Esto no sólo refuerza lo lejos que ya has llegado, sino que también te da una motivación extra para seguir avanzando.
- **Esperando la perfección.** Completar una meta no es un proceso lineal. Tendrás que descubrir cómo superar tus errores y superar varios reveses si alguna vez quieres alcanzar tus objetivos. No te castigues por no ser perfecto. En lugar de ello, reconoce que es una parte esencial del proceso y busca formas de seguir avanzando incluso si las cosas no salen según tus planes originales.

También ofreceré una idea adicional aquí. Uno de mis libros favoritos actuales es "Atomic Habits" de James Clear. En este libro, Clear sostiene que tanto los ganadores como los perdedores tienen los mismos objetivos y que centrarse en los sistemas (en lugar de los objetivos) es la mejor manera de garantizar el progreso y el desarrollo continuos. En otras palabras, es mejor que te concentres en las acciones o sistemas diarios que te ayudarán a alcanzar tus objetivos en lugar de concentrarte intensamente en el objetivo en sí. Esto hará que tu objetivo parezca más alcanzable y garantizará que siempre estés logrando un progreso continuo (por pequeño que sea).

Ahora que sabes cómo identificar los objetivos correctos, hacerlos de forma inteligente y evitar los errores más comunes, estás casi listo para comenzar a elegir algunos objetivos nuevos. Antes de concluir este capítulo, permítame ofrecerle un consejo más para que te acompañe en tu viaje de establecimiento de objetivos.

¿Pueden las metas fallidas ser algo bueno?

Hay un dicho popular que dice: "Dispara a la luna. Incluso si fallas, aterrizarás entre las estrellas". Recuerdo haber leído esta cita en un cartel en una de mis clases de matemáticas en la escuela secundaria, pero no sabía nada sobre sus orígenes hasta hace poco.

La cita se atribuyó por primera vez a Norman Vincent Peale, un autor y pastor que vivió y trabajó a mediados del siglo 1900. Peale es conocido por su libro más vendido, *El Poder del Pensamiento Positivo.*[5] Básicamente, Peale quería que la gente soñara en grande y apuntaran alto porque el resultado seguiría siendo positivo incluso si no alcanzaban sus estándares o aspiraciones finales.

Tengo sentimientos encontrados acerca de esta cita. Como comentamos anteriormente, creo que uno de los errores más críticos que comete la gente al establecer metas es elegir una meta que sea demasiado grande. Al mismo tiempo, creo que la perspectiva de Peale tiene un

---

[5]   https://www.amazon.com/Power-Positive-Thinking-Norman-Vincent/dp/0743234804

valor tremendo. Siempre me han enseñado a soñar tan en grande que me asusta. De esta manera sé que Dios tiene que ayudar y le doy gloria cuando logre el éxito porque no hay otra explicación posible a lo que sucede.

Además, creo que una meta puede servirte incluso si al final te quedas corto si te inspira a actuar. Digamos que quieres leer más a menudo. Actualmente no estás leyendo nada, por lo que te propusiste leer veinte libros en un año. Debido a que estableces la meta, comienzas a leer algunas páginas cada día y, al final del año, has leído diez libros.

¿Entonces, tu objetivo fue un éxito? En cierto sentido, fracasaste porque no alcanzaste tu objetivo de veinte libros. Al mismo tiempo, lees más de lo que habrías leído de otra manera debido al objetivo que te propusiste. Esto significa que su objetivo fue un éxito.

También debemos recordar que nuestras metas funcionan para nosotros y nosotros no trabajamos para nuestras metas. Imagina que comienzas el año con la meta de leer veinte libros, pero durante el año, a tu cónyuge o hijo le diagnostican una condición de salud grave. ¿Deberías dedicar tu tiempo libre a cuidar a tu ser querido o perseguir tu objetivo de leer veinte libros? La respuesta es obvia, y este estudio de caso nos recuerda que debemos tener en cuenta circunstancias fuera de nuestro control cuando pensamos en establecer metas.

En el centro de esta conversación está la idea de que es más valioso establecer metas que simplemente alcanzarlas (o no alcanzarlas). Mientras piensa en establecer metas, quiero desafiarlo a que sienta una intensa curiosidad por el resultado que desea de sus metas. Haga preguntas como, ¿qué impacto tendrá en mi vida trabajar en esta meta? ¿Cómo me ayudará a crecer o desarrollarme, incluso si finalmente no logró la meta? ¿Qué estoy dispuesto a sacrificar para alcanzar la meta y qué se necesitaría para detenerla o abandonarla por completo?

Considerar estas preguntas reforzará el hecho de que las metas fallidas aún pueden tener un impacto positivo y te recordarán que a veces abandonar una meta es en realidad lo más inteligente que puede hacer. Finalmente, como ocurre con todo lo demás en este libro, esta perspectiva refuerza la idea de que el viaje -y no sólo el destino- es donde experimentamos la plena alegría y la riqueza de la vida.

Listo, apunta, dispara

Dado que en este capítulo nos centraremos en dichos ligeramente clichés, permíteme cerrar con uno más. "Si no apuntas a nada, no acertarás en nada." Si bien esto puede parecer de sentido común, es importante mencionarlo al cerrar nuestra discusión sobre el establecimiento de objetivos.

Quizás apuntar a la luna no siempre sea la respuesta correcta, pero disparar sin un objetivo tampoco es prudente. Antes de elegir una meta, asegúrete de que se a inee con tu propósito y tus valores. Esto mejorará tu sentido de urgencia para progresar y te dará una mayor sensación de satisfacción cuando finalmente logres la meta.

En los primeros tres capítulos, hemos sentado una base importante para el futuro venidero. Hemos discutido nuestro propósito, nuestros valores y nuestras metas. El siguiente capítulo es crucial porque comenzaremos a discutir el combustible que nos llevará desde donde estamos hasta donde queremos ir. Sin esta pieza del rompecabezas nada es posible.

Preguntas de aplicación

- Imagina tu vida dentro de cinco años. ¿Qué quieres que sea verdad?
- Piensa en un momento en el que lograste un gran objetivo. ¿Qué puedes aprender de esa experiencia que pueda ser útil cuando piensas en alcanzar metas futuras?
- ¿Qué es un "objetivo ambicioso" que te impulsará hacia adelante y te obligará a crecer incluso si al final te quedas corto?

CAPÍTULO CUATRO: ENCONTRAR Y MANTENER LA MOTIVACIÓN

Fuera del poder divino de Dios, la motivación podría ser la fuerza más poderosa del mundo entero. La motivación ha jugado un papel en todo lo que hace la humanidad a lo largo de la historia. Cada idea, decisión e iniciativa nació de la motivación. En pocas palabras, alguien decidió que quería hacer algo y el resto es historia.

La motivación también es un tema complicado por varias razones. En primer lugar, algunas personas ven la motivación como un cliché, estigmatizada o, a falta de una palabra mejor, cursi. Se imaginan a un orador motivacional gritándoles:[6] o se imaginan a uno de sus amigos en las redes sociales que siempre publica selfies después de hacer ejercicio o toma fotografías de su almuerzo a base de plantas. No hay nada de malo en comer de esta manera, pero quiero un sándwich de pollo

---

[6] Probablemente come una dieta constante de queso del gobierno y vive en una camioneta junto al río (busque "Matt Foley" en YouTube si no comprende esta referencia. Asegúrese de poner los subtítulos en español). Fue un personaje que creó un divertido y famoso comediante en Estados Unidos.

picante y papas fritas tipo wafer Chick-fil-A grandes, por favor.

Más importante aún, por el bien de nuestra discusión, muchas personas creen que la motivación es una coincidencia y un rasgo que solo ciertas personas poseen. Escuchará a la gente decir cosas como: "Me siento desmotivado en este momento" o "No sé cómo motivarme. Imaginan una realidad alternativa en la que sienten una fuerte motivación para trabajar hacia una meta o resultado particular. Esta perspectiva no sólo es inexacta, sino que en realidad es bastante dañina.

La verdad es que la motivación es mucho más un igualador que un diferenciador. Puede parecer una buena idea, pero creo que todos tenemos la misma motivación. Piénsalo. La motivación juega un papel en todo lo que hacemos. Solemos asociar la motivación con tareas difíciles, pero la motivación está presente en cualquier actividad. El resultado no importa.

Por ejemplo, la gente suele asociar la motivación con el ejercicio. Imagina que estás pensando en levantarte temprano para ir al gimnasio o hacer correr por tu vecindario. Echemos un vistazo a cada una de sus opciones y consideremos qué motivaciones podrían entrar en juego:

- **Ir al gimnasio.** Estás motivado para ponerte en mejor forma física (perder peso, quemar grasa, etc.). También puede desear los beneficios emocionales y mentales que se obtienen al estar físicamente activo.

- **Quédate en la cama y duerme hasta tarde.** Está motivado por la comodidad física y mental que se obtiene al mantener el status quo y evitar tareas difíciles.

Puedes ver cómo cualquier decisión que tomes implica motivación. También es importante señalar que a menudo sentimos motivaciones contrapuestas. El escenario anterior es un gran ejemplo. Al mismo tiempo, es posible que desees ambos resultados. Quieres hacer ejercicio, pero también quieres mantenerte cómodo.

La motivación no es un juego de todo o nada. Cuando eliges hacer algo, no es porque tu motivación esté 100% alineada con esa tarea en particular. Simplemente se siente más motivado para perseguir un resultado que cualquier otro.

Este principio es revelador por varias razones. En primer lugar, aumenta nuestra conciencia sobre cómo funciona nuestra motivación cuando tomamos decisiones. Más importante aún, muestra que la brecha entre dónde se encuentra ahora y mejorar o tomar mejores decisiones no es tan grande como pensaba. No tienes que sentirte 100% motivado para hacer ejercicio, comer mejor, iniciar un negocio, limpiar tu garaje, leer tu Biblia o llamar a tus padres. Si puede reunir al menos el 51%, podrá superar el obstáculo y comenzar a generar impulso.

Entonces, si sólo tenemos que llegar al 51%, ¿por qué es tan difícil sentirse motivado para hacer cosas difíciles? Honestamente, la culpa la tenemos nuestros cerebros. Nuestros cerebros están programados para priorizar el resultado o los resultados más ciertos. Por lo general, esta es cualquier recompensa que podamos experimentar antes o cualquier recompensa que se base en experiencias pasadas. En el ejemplo anterior de elegir levantarse para hacer ejercicio o quedarse en la cama, es más fácil quedarse en la cama porque la recompensa (mantener la comodidad) se puede experimentar de inmediato.

Esto es lo que debemos comprender: si bien ambas opciones tienen una recompensa potencial, también tienen un costo. Esto es cierto para cada decisión que tomamos. Cada acción incluye tanto un costo como una recompensa. Echemos un segundo vistazo al escenario anterior para entender qué está pasando:

- **Ir al gimnasio.** *Costo:* Malestar por esforzarse. Incapacidad para mantener la comodidad. *Premio:* Mejor condición física. Liberación de endorfinas. Mejora el estado emocional y psicológico.
- **Quédate en la cama y duerme hasta tarde.** *Costo:* Potencial no realizado. No mejorar la condición física. Sensación de lentitud y falta de energía durante el día. *Premio:* Mantenga la comodidad. Evite hacer algo desafiante y esforzarse.

¿Notaste que ir al gimnasio ofrecía una recompensa a largo plazo por un costo a corto plazo, mientras que quedarse en la cama producía una recompensa a corto plazo seguida de un costo a largo plazo? Este es el problema que muchos de nosotros experimentamos cuando intentamos utilizar nuestra motivación. Dado que estamos programados para la gratificación instantánea, elegimos el objeto brillante que tenemos frente a nosotros, incluso si debemos pagar por él a largo plazo.

Aunque hasta ahora hemos identificado más problemas que soluciones, estamos progresando. Si vas a aprovechar tu motivación de una manera que te ayude a lograr tus objetivos más importantes, entender que tienes tanta motivación como cualquier otra persona es un gran primer paso. Es bastante enriquecedor cuando te das cuenta de que tienes la misma motivación interna que Martin Luther King, Michael Jordan, Nelson Mandela, Steve Jobs o Thomas Edison. También es alentador saber que la brecha entre *teniendo* motivación y *usando* la motivación no es tan amplia como podría haber pensado antes. Vamos en la dirección correcta, pero todavía falta algo.

Si bien estos conceptos ciertamente mueven la aguja, la siguiente idea puede ser la más importante de todas. Obviamente, tener motivación no es lo único que importa. Lo que separa a las personas exitosas de aquellas que nunca reconocen su potencial no es la cantidad de motivación que tienen, sino su capacidad para concentrarse o dirigir su motivación de una manera que les ayude a alcanzar sus objetivos.

Esto es lo bueno: puedes controlar tu motivación. Quizás no puedas elegir objetivamente el objetivo de tu motivación en cada situación, pero puedes impactar la dirección de tu motivación tanto directa como indirectamente. Este es el siguiente paso en nuestra búsqueda de la motivación. Una vez que sepas cuánta motivación existe realmente dentro de ti, el siguiente paso es aprender cómo funciona realmente la motivación y cómo podemos alinear nuestra motivación con nuestras metas.

Mitos comunes sobre la motivación

Mientras consideramos cómo hacernos cargo de nuestra motivación, debemos continuar examinando las creencias limitantes y las narrativas falsas que ponemos sobre la mesa. Te dije esto antes, pero a menudo se malinterpreta la motivación. Tu perspectiva sobre la motivación podría estar frenando, incluso si no hay verdad o validez detrás de la forma en que abordas el tema. Consideremos algunos de los mitos más comunes sobre la motivación.

Mito uno: la motivación es constante

Cuando conocemos a alguien que está logrando grandes objetivos y constantemente haciendo cosas difíciles, es fácil asumir que se pone manos a la obra todas las mañanas. La verdad es que encontrar y mantener la motivación no suele ser un proceso lineal. Tendrás días en los que te sentirás muy motivado para trabajar en tus objetivos y tendrás días en los que te sentirás agotado o agotado.

Si tienes días en los que no te sientes motivado para trabajar y ser productivo, no significa que te pase algo malo. Es simplemente una parte de la experiencia humana. En lugar de castigarte por no sentirte con energía todos los días, intenta crear sistemas y hábitos que te mantengan encaminado incluso en los días en los que no te sientes tan motivado como normalmente.

Mito dos: la motivación elimina la necesidad de disciplina

La motivación y la disciplina están relacionadas, pero no son idénticas entre sí. A muchos de nosotros no nos gusta la palabra "disciplina." Quizás recordemos los castigos de nuestros padres cuando éramos niños. O podemos pensar en un estilo de vida aburrido y reglamentado que nunca resulta divertido.

Esta visión representa una comprensión inexacta de la disciplina. Es cierto que la disciplina requiere algo de esfuerzo, pero una vida disciplinada puede ser muy satisfactoria y placentera. La disciplina fortalece el impacto de su motivación haciéndola más tangible o procesable.

Imagina que te sientes motivado para iniciar un negocio. Está entusiasmado por convertir su pasatiempo o pasión en un negocio secundario. Esta podría ser una gran idea, pero ¿cómo se pone en práctica esta motivación? Incorporarás disciplinas como publicar en redes sociales, llegar a clientes potenciales y establecer contactos con otros profesionales de tu área. Tu motivación para iniciar un negocio se manifiesta en pequeñas acciones que te ayudarán a avanzar hacia el logro de tu objetivo final.

La motivación sin disciplina puede ser útil, pero en última instancia, la disciplina es el vehículo que nos lleva a donde queremos ir. La motivación es simplemente el combustible que impulsa la disciplina.

Mito tres: la motivación garantiza el éxito

Probablemente esto no sea una novedad para usted, pero a los seres humanos les gusta el control. Apreciamos cuando las cosas son en blanco y negro. Nos reconforta ver una progresión clara de causa y efecto que conecta un determinado resultado con una tarea particular. Cuando esto sucede, no tenemos que preguntarnos qué debemos esperar.

No debería sorprenderte que la vida rara vez funcione tan perfectamente, y esto incluye el uso de nuestra motivación. Comprender y aplicar tu motivación aumentará tus posibilidades de éxito, pero no puede garantizar nada. La motivación es sólo un ingrediente de la receta del éxito. La lista también incluye factores complejos como hábitos diarios, recursos, tiempos, conexiones y circunstancias externas.

Si alguna vez has leído el libro de Stephen Covey *Los Siete Hábitos de la Gente Altamente Efectiva,*[7] estás familiarizado con sus enseñanzas sobre el círculo de preocupación y el círculo de influencia. El círculo de preocupación incluye cuestiones y temas que nos interesan pero que no podemos controlar. El círculo de influencia, por otro lado, contiene todas las áreas donde podemos tener un efecto o impacto. Por ejemplo, si alguien te ofrece o no un trabajo, te invita a un evento o responde a tu correo electrónico entra en el círculo de preocupación. Por otro lado, la calidad de su currículum, la manera en que trata a las personas y la redacción y el

---

[7] https://www.amazon.con/Habits-Highly-Effective-People-Anniversary/dp/1511317299

momento de su solicitud están dentro de su círculo de influencia.

¿Qué pasa con el éxito? ¿En qué círculo encaja? Es difícil de decir y depende en parte de cómo se define el éxito. En términos generales, el éxito no se produce por completo en ninguno de los dos casos. No podemos influir plenamente en sí experimentamos o no el éxito que deseamos. Sin embargo, yo diría que la motivación (principalmente) cae dentro del círculo de influencia. Podemos guiar y dirigir nuestra motivación, lo que nos pondrá en una mejor posición para lograr un mayor éxito.

Estos no son los únicos tres mitos sobre la motivación, pero se encuentran entre los más comunes y perjudiciales. Ahora que hemos eliminado estos mitos de nuestra comprensión, reemplacémozlos con algunas creencias y principios más constructivos.

Cuatro verdades esenciales sobre la motivación

Permítanme aclarar que no estoy tratando de reducir la motivación, un campo complejo de estudio científico, a unas pocas afirmaciones o conceptos simples. Si bien espero y rezo para que esta información le resulte útil, sé que es imposible comprender completamente la motivación sin tener en cuenta los elementos neurológicos y psicológicos de la motivación.

Al mismo tiempo, no creo que sea necesario ser neurocientífico para comprender cómo funciona la motivación en un nivel básico. Ahora que hemos aclarado algunos conceptos erróneos comunes, veamos algunas ideas prácticas que pueden ayudarle a aprovechar el poder de su motivación en todo su potencial.

Primera verdad: la motivación y la fuerza de voluntad no son lo mismo

¿Recuerdas haber aprendido sobre la diferencia entre rapidez y velocidad en tu clase de física de la escuela secundaria? Si no lo recuerdas, la velocidad es simplemente la velocidad a la que se mueve un objeto, mientras que la velocidad es la rapidez en una dirección particular. Si bien la rapidez y la velocidad son similares, no son términos que puedan usarse indistintamente.

Esta es una buena metáfora para ayudarnos a comprender la diferencia entre motivación y fuerza de voluntad. La motivación es la velocidad como la fuerza de voluntad es la velocidad. En otras palabras, la fuerza de voluntad es la aplicación específica de la motivación a una tarea o resultado particular. Si bien todos poseemos la misma cantidad de motivación y utilizamos la motivación en cada decisión, la fuerza de voluntad puede aumentar y disminuir según la persona y la situación individual. La fuerza de voluntad se parece mucho a un músculo: cuanto más la usas, más se cansa.

Sin embargo, puedes preparar tu entorno para crear situaciones que requieren menos fuerza de voluntad. Tal vez crees responsabilidad en forma de mecanismo de compromiso, como inscribirte en una clase de ejercicios o contarle a un amigo una meta que tienes. Tal vez elimines la comida chatarra de tu despensa cuando intentas perder peso. Estos cambios sutiles disminuirán la necesidad de fuerza de voluntad, permitiéndole guardarla para otras situaciones.

Segunda verdad: tu mente inconsciente juega un papel clave en tu motivación

Dije anteriormente que no es necesario ser neurocientífico para comprender el funcionamiento general de la motivación. Tampoco creo que sea necesario tener un título avanzado o conocimientos o experiencia previos para comprender la ciencia básica de la motivación.

Lo más importante que debes saber sobre la ciencia de la motivación es que tu cerebro produce una sustancia química llamada dopamina cuando anticipa la recompensa. Esto es sorprendente porque probablemente se esperaría una liberación de dopamina cuando se experimenta la recompensa, pero en realidad no es así. Quizás sepa que existen cuatro pasos para desarrollar un hábito: señal, deseo, respuesta y recompensa. Cuando comienza un hábito, la respuesta desencadena la recompensa. Sin embargo, a medida que su cerebro comienza a sentir un patrón predecible, comienza a liberar dopamina al notar la señal o el anhelo porque anticipa su respuesta.

A medida que comprendamos cómo funciona la dopamina, podremos tomar decisiones más informadas sobre las actividades que realizamos y las situaciones en las que nos ponemos. Reconoceremos cuándo estamos realizando actividades porque queremos una dosis rápida de dopamina, y podremos eliminar las señales y los antojos para que no nos desvíen del rumbo ni nos impidan alcanzar nuestras metas.

Jesús alude a este concepto cuando enseña sobre el pecado del adulterio en el Sermón del Monte. Su audiencia habría estado familiarizada con el mandamiento de Moisés de evitar el adulterio. Sin embargo, Jesús va un paso más allá y proclama que cualquier hombre que mira a una mujer para codiciarla, ya ha cometido adulterio en su corazón. Es como si Jesús nos estuviera animando a eliminar la señal en lugar de simplemente tratar de evitar la respuesta. Está dirigiendo nuestra atención a la raíz del problema y mostrándonos un enfoque más eficaz.

Tercera verdad: los motivadores internos son más poderosos que los motivadores externos

La mayoría de la gente está familiarizada con los dos tipos de motivadores. Los motivadores externos son cosas como el dinero, el poder, la riqueza y el éxito. Si bien estas cualidades externas pueden parecer más atractivas a primera vista, los motivadores internos son más poderosos y más fáciles de mantener en el tiempo. Muchos de los motivadores internos más populares son conceptos como propósito y valores fundamentales, de los que ya hemos hablado en detalle en este libro.

La clave aquí es comprender lo que realmente deseas. Puede parecer que algunas actividades tienen un valor intrínseco aunque sean sólo un medio para lograr un fin. Como escribió Dave Ramsey en su libro "EntreLeadership", puedes subir la escalera del éxito sólo para darte cuenta de que todo el tiempo estuviste apoyado en el edificio equivocado. Además, los motivadores externos como el dinero y el prestigio suelen reflejar deseos más profundos. Es posible que desee la seguridad que brinda el dinero (un motivador interno) más de lo que realmente le importa la cantidad de dólares en su cuenta bancaria.

Cómo comerse un elefante

Si pudiera ofrecerte un último consejo mientras piensas en cómo entender y aplicar estas enseñanzas sobre la motivación, te animaría a soñar en grande y pensar en pequeño.

Puede que suene como un oxímoron, pero escúchame. Empecemos por aclarar qué significa pensar en grande. Craig Groeschel, pastor principal de LifeChurch y presentador del podcast de liderazgo de Craig Croeschel, suele decir que las personas tienden a sobreestimar lo que es posible a corto plazo, mientras que subestiman lo que pueden hacer a largo plazo. Puede que seas demasiado optimista sobre lo que puedes hacer en unas pocas semanas, pero ¿qué podrías hacer en los próximos cinco años si tomaras una decisión y un compromiso hoy? Con tu propósito y valores en mente, déjame desafiarte a comenzar a pensar en tu próximo gran sueño u objetivo.

Al mismo tiempo, le resultará más fácil ejercitar su motivación si su objetivo parece alcanzable. Probablemente hayas escuchado el dicho popular sobre la mejor manera de comerse un elefante ("un bocado a la vez"). Roma no se construyó en un día, pero te sorprenderá lo que puedes lograr a través de la disciplina diaria y esfuerzo constante. Toma tu objetivo a largo plazo y divídelo en pasos más pequeños y pronto descubrirá que encontrar y mantener la motivación es mucho más fácil que antes.

También debemos recordar que Roma no fue construida por una sola persona. No tienes que hacerlo todo tú solo. Organiza una fiesta e invita a tus amigos para que te ayuden a comer el elefante. Este enfoque no sólo será más eficaz, sino que también será más divertido. La vida es más divertida cuando la haces con las personas que amas y las metas son de la misma manera. Además, no te enfermarás si intentas comerte un elefante entero tú solo.

Muy bien, basta de comer elefantes. No quiero arruinar tu próximo viaje al zoológico. Lo que quiero que vean al concluir esta conversación es que la motivación tiene el potencial de abrir grandes puertas y crear posibilidades nuevas y emocionantes. Al mismo tiempo, es más sostenible ejercitar la motivación en pequeñas cantidades. Si realmente creemos que la vida es una búsqueda gradual e interminable, ésta es una gran noticia. Estamos corriendo un maratón, no una carrera de velocidad.

Preguntas de solicitud

1. Si sintiera que tiene control total sobre su motivación, ¿qué haría diferente?

2. ¿Qué narrativa falsa o creencia limitante sobre la motivación prevalece más en tu vida? ¿Cómo te está frenando?

3. ¿Cómo ajustarás tu motivación para perseguir tus objetivos y vivir la vida que realmente deseas?

CAPÍTULO CINCO:
CULTIVAR EL CARÁCTER

Me encanta la idea de tener un jardín. Sueño con cultivar tomates, cilantro y cebollas frescas y hacer una deliciosa salsa casera. He intentado varias veces iniciar uno, pero nunca funciona.

A decir verdad, no me gusta mucho arrancar las malas hierbas. Incluso cuando decido darle otra oportunidad a la jardinería y me prometo que las cosas serán diferentes, las malas hierbas siempre se apoderan de mí y mi sueño de tener salsa casera se queda en el camino. Por mucho que disfrute la salsa de jalapeño que viene con mi burrito Chick-fil-A Hash Brown Scramble con Nuggets, no hice el trabajo para crearla yo mismo.

Múltiples intentos fallidos me han enseñado cuánto trabajo se necesita para mantener un jardín. Un jardín no surge por accidente, y la calidad de su jardín es un reflejo del trabajo que está dispuesto a realizar. Su trabajo será fructífero si está dispuesto a dedicar la cantidad necesaria de tiempo y energía. Por otro lado, si no planificas y te preparas adecuadamente, no obtendrás los resultados que deseas.

Creo que lo que es verdad acerca de la jardinería también lo es acerca de tu carácter. Un carácter fuerte no surge accidentalmente. Si quieres que tu carácter crezca y se desarrolle hasta el punto en que produzca un resultado positivo en tu vida, necesitarás tiempo y atención concentrada.

Primero, necesitarás crear un ambiente donde el buen carácter pueda crecer y florecer. Piense en esto como si fuera su jardín. Una vez que su jardín esté listo, tendrá que elegir qué semillas plantar y determinar cómo cuidarlas mejor para que echen raíces y produzcan frutos. Tendrá que estar dispuesto a identificar y arrancar las malas hierbas para que no ahoguen sus cultivos ni destruyan su jardín.

Esto puede parecer mucho trabajo, y lo es. Sin embargo, como todo lo demás en The Never-Ending Pursuit (La Búsqueda Interminable), no es una carrera. Pasarás el resto de tu vida trabajando en el desarrollo de tu carácter y el viaje es tan valioso como el destino. Más importante aún, hacer el arduo trabajo de cultivar el carácter le ayudará a crecer en su capacidad para perseguir su propósito, encarnar sus valores y lograr sus objetivos a largo plazo.

En el resto de este capítulo, analizaremos cada uno de estos pasos en detalle. Aprenderá cómo preparar su entorno para el desarrollo continuo del carácter y tendrá una idea clara de lo que este proceso requerirá de usted.

Construyendo tu jardín

Jesús a menudo usó ejemplos e ilustraciones agrícolas en sus parábolas, ya que habrían sido fáciles de entender para sus oyentes. En un ejemplo particular, Jesús prepara la escena describiendo a un granjero que estaba esparciendo semillas en diferentes superficies. No tardamos en darnos cuenta de lo importante que es dónde cae la semilla:

"¡Escuchar! Un granjero salió a plantar unas semillas. Mientras las esparcía por su campo, algunas semillas cayeron en un sendero y los pájaros vinieron y se las comieron. Otras semillas cayeron en suelos poco profundos con rocas subyacentes. Las semillas brotaron rápidamente porque el suelo era poco profundo. Pero las plantas pronto se marchitaron bajo el ardiente sol y, como no tenían raíces profundas, murieron. Otras semillas cayeron entre espinas que crecieron y ahogaron las tiernas plantas. Otras semillas cayeron en tierra fértil y produjeron una cosecha que fue treinta, sesenta y hasta cien veces mayor de lo que se había plantado. Cualquiera que tenga oídos para oír debería escuchar y comprender".

Mateo 13:3-9, NTV

Poco después, Jesús explicó a sus discípulos el significado de esta metáfora:

"'Ahora escuchen la explicación de la parábola del labrador que siembra semillas: La semilla que cayó en el camino representa a los que escuchan

el mensaje del Reino y no lo entienden. Entonces viene el maligno y arrebata la semilla que fue plantada en sus corazones. La semilla en suelo pedregoso representa a quienes escuchan el mensaje e inmediatamente lo reciben con alegría. Pero como no tienen raíces profundas, no duran mucho. Se alejan tan pronto como tienen problemas o son perseguidos por creer la palabra de Dios. La semilla que cayó entre los espinos representa a aquellos que escuchan la palabra de Dios, pero muy rápidamente el mensaje queda desplazado por las preocupaciones de esta vida y el atractivo de la riqueza, por lo que no se produce ningún fruto. ¡La semilla que cayó en buena tierra representa a aquellos que verdaderamente escuchan y entienden la palabra de Dios y producen una cosecha de treinta, sesenta o incluso cien veces más de lo que se había plantado!"

Mateo 13:18-23 NTV

El mensaje de Jesús es claro. En última instancia, no importa qué semillas estés plantando si el suelo no está listo para recibirlas y ayudarlas a crecer. Antes de que puedas comenzar a fortalecer tu personaje, debes desarrollar un entorno adecuado donde tu personaje pueda prosperar.

En muchos sentidos, esto comienza con su actitud y sus expectativas. En su libro "Do Over", Jon Acuff escribe que todos podemos elegir nuestra actitud y ajustar nuestras expectativas independientemente de las situaciones en las que nos encontremos. Recuerde lo que dijo una vez Chuck Swindoll: "La vida es un 10% de lo que te sucede a ti y un 90% de lo que te sucede a ti cómo reaccionas." Puede que no tengas control total sobre cada situación, pero puedes elegir cómo interpretas e interactúas con tu entorno.

También deberíamos rechazar una mentalidad fija y adoptar en su lugar una mentalidad de crecimiento. Alguien que tiene una mentalidad fija no está dispuesto a reconocer áreas de potencial crecimiento y mejora. Les falta humildad para reconocer que aún no han alcanzado su potencial. Por otro lado, una persona que tiene una mentalidad de crecimiento está dispuesta a aceptar comentarios y comprender que todavía es un trabajo en progreso. Si comparte comentarios constructivos con alguien que tiene una mentalidad fija, es posible que lo desvíe, lo culpe o diga: "Así soy yo." Si le das la misma retroalimentación a alguien con una mentalidad de crecimiento, aceptará la responsabilidad y promete trabajar para mejorar. Como leemos en Proverbios 9:8 (NTV), "Así que no te molestes en corregir a los burlones; sólo te odiarán. Pero corrige a los sabios y te amarán."

Si pudiera ofrecer un consejo más, te animaría a pensar en el valor del desarrollo del carácter. Si fueras una persona de carácter, ¿cómo afectaría eso tu búsqueda individual? ¿Qué haría eso por las personas que te rodean? ¿Qué diferencia haría para tu carrera, tu familia, tu iglesia y tu comunidad? Si puede definir el resultado o el impacto por el que está trabajando, le resultará más fácil esforzarse y mantener la motivación a largo plazo, incluso cuando las cosas se pongan difíciles.

Si aprende a elegir su actitud, ajustar sus expectativas y adoptar una mentalidad de crecimiento, estará en el buen camino para crear una situación propicia para el desarrollo del carácter. Imaginar el valor que el desarrollo de tu carácter puede proporcionarte a ti mismo y a quienes te rodean actuará como fertilizante que complementa una buena tierra y facilita el crecimiento. Ahora que has creado tu jardín metafórico, puedes empezar a pensar en qué semillas de personajes plantarás.

Elegir tus plantas

Por lo general, los jardineros eligen plantas según el tipo ce frutas o verduras que quieran producir. Si se me antoja salsa, plantó verduras como jitomates y cilantro. Si prefiero una ensalada de frutas frescas, puedo intentar plantar frambuesas o fresas. De todos modos, se requiere cierto grado de planificación inicial o previsión. No plantas simplemente lo primero que te viene a la mente o lo primero que te encuentras.

Intentar desarrollar el carácter requiere tener claro lo que espera lograr. Apuntar simplemente al crecimiento del personaje no es necesariamente incorrecto, pero también es demasiado ambiguo para tener un resultado s gnificativo. Es mejor que aclares dónde necesitas c ecer y qué esperas lograr.

Entonces, ¿cuál puede (o debería) ser para usted ese crecimiento objetivo? Depende de varios factores. Parte de la decisión se basa en lo que valoras. Otra parte tiene que ver con tus debilidades o limitaciones actuales. Tu situación también juega un papel importante. En resumen, ¿qué te importa, dónde estás ahora y qué te falta en la vida?

Hay algunas cualidades que tienen valor universal para todas las personas. No puedo evitar pensar en los frutos del Espíritu establecidos por Pablo en Gálatas 5: "Pero el Espíritu Santo produce esta clase de frutos en nuestras vidas: amor, gozo, paz, paciencia, bondad, bondad, fidelidad, mansedumbre. y autocontrol. ¡No hay ley contra estas cosas!" (Gálatas 5:22-23, NTV)

Obviamente, no puedes equivocarte trabajando para crecer en cualquiera de estas áreas. Sin embargo, puede resultar difícil trabajar en nueve objetivos al mismo tiempo. Es posible que tengas más éxito si eliges dos o tres rasgos específicos para trabajar a la vez. Si la paciencia no es algo natural para usted, trabajar en ella podría ser un buen punto de partida. Si se vuelve demasiado cínico o pesimista, busque oportunidades para cultivar la alegría en su vida.

Este tipo de atención enfocada requerirá algunos sacrificios de su parte. En primer lugar, deberá estar dispuesto a sentirse incómodo. Como seres humanos, estamos programados para buscar y mantener la comodidad a toda costa. Sin embargo, no existe crecimiento sin lucha. Es la razón por la que te duelen los músculos durante un entrenamiento, y es la misma razón por la que a menudo te sientes más cerca de otra persona después de soportar una prueba o una temporada difícil juntos.

Probablemente tampoco sea algo que puedas hacer con tu propio poder. Aquí es donde entra en juego el Espíritu

Santo. Hay algo hermoso que sucede cuando te sometes al poder de Dios cuando intentas cambiar tu corazón o tu forma de pensar. Tu fe crecerá a medida que te sometas al poder de Dios y confíes en que Dios hará por ti lo que tú no puedes hacer por ti mismo.

Finalmente, esto requiere vulnerabilidad. Existe un estigma creciente cuando hablamos de vulnerabilidad. La vulnerabilidad no requiere que vacíes todo tu equipaje en una mesa para que todos lo vean, y no siempre viene acompañada de lágrimas o confesiones importantes. Sin embargo, siempre hay una expresión de debilidad, hasta cierto punto, cuando se expresa vulnerabilidad. Debemos estar dispuestos a mostrarnos tal como somos, tanto ante nosotros mismos como ante los demás, si queremos crecer en carácter.

Plantar las semillas de un carácter más fuerte es ciertamente un proceso. Una vez que las semillas estén en la tierra, deberás cuidarlas y darles tiempo para que crezcan y se desarrollen por completo. Sin embargo, si está dispuesto a comprometerse con la coherencia y la intencionalidad, poco a poco comenzará a notar un cambio en usted mismo. También deberás estar preparado para afrontar los obstáculos que se presenten en el camino en forma de malas hierbas.

Arrancando malezas

Así como en todo jardín crecen malas hierbas, todos enfrentamos tentaciones o distracciones en ocasiones. No es representativo de ningún defecto de carácter sobresaliente que aún puedas tener. Así es simplemente cómo funciona la vida. Es importante saber que las malas hierbas crecerán, y también lo es comprender la responsabilidad que tenemos de ocuparnos de las malas hierbas a medida que surgen.

Inmediatamente después de compartir la parábola del sembrador (a la que hicimos referencia anteriormente), Jesús cuenta otra historia sobre un granjero:

> Aquí hay otra historia que Jesús contó: "El Reino de los Cielos es como un granjero que plantó buena semilla en su campo. Pero esa noche, mientras los trabajadores dormían, vino su enemigo, plantó cizaña entre el trigo y luego se escabulló. Cuando la cosecha empezó a crecer y a producir grano, también crecieron las malas hierbas. "Los trabajadores del granjero se acercaron a él y le dijeron: 'Señor, el campo donde usted plantó esa buena semilla está lleno de cizaña. ¿De dónde vinieron?' "'¡Un enemigo ha hecho esto!' exclamó el granjero. "'¿Deberíamos arrancar la maleza?', preguntaron. "'No', respondió, 'si lo haces, arrancarás el trigo. Deja que ambos crezcan juntos hasta la cosecha. Luego ordenaré a los segadores que arranquen la cizaña, la aten en manojos, la quemen y pongan el trigo en el granero. '"

> Mateo 13:24-30, NTV

Hay un elemento escatológico en esta historia que responde a la pregunta que la gente suele hacer sobre la presencia del mal en el mundo. En resumen, muchos se preguntan cómo un Dios bueno podría permitir que el mal exista en el mundo debido a la angustia y la lucha que el mal crea. Nuestra suposición es que el mundo sería de algún modo mejor si el mal no existiera. Si bien creo que, en última instancia, sería mejor, también debemos recordar (como nos dice Pablo en 1 Corintios) que los caminos de Dios son mucho mejores y más sabios que los nuestros.

Esta historia refleja esta verdad. El agricultor enseña a sus trabajadores que algo en la presencia de malezas mejora la calidad o la fuerza del grano a medida que crece. Las malas hierbas no deberían permanecer en el jardín para siempre, afirma el agricultor. Sin embargo, tampoco deberían eliminarse inmediatamente.

Qué metáfora tan perfecta para considerar mientras continuamos pensando en la metáfora de una búsqueda interminable y permanente de crecimiento y desarrollo personal. Esta historia nos recuerda que nunca dejaremos de enfrentar pruebas, distracciones, tentaciones y reveses. Si bien esto no será placentero ni placentero, hay algo en la presencia de estas dificultades que en realidad es para nuestro beneficio.

Jesús no ignora cómo es esta experiencia. Como nos dice el escritor de Hebreos, Jesús fue tentado de la misma manera que nosotros, pero no pecó (Hebreos 4:15). Jesús experimentó lo peor que el mundo podría arrojarle al enfrentar el tormento físico y el ridículo emocional en la cruz. Él perseveró en todo esto y nos dio un ejemplo de lo que significa mantenerse fuerte en medio de la tribulación.

Si Jesús tiene que lidiar con la maleza, nosotros también lo haremos. Es importante reconocer que no podemos eliminar todas las malas hierbas de nuestro jardín. Mientras vivamos en un mundo imperfecto, habrá malas hierbas. Sin embargo, existe una diferencia entre aceptar que no podemos lidiar con todas y cada una de las malas hierbas e ignorar su existencia por completo. Debemos permanecer conscientes de las malas hierbas (y del impacto que tienen en el desarrollo de nuestro carácter) en todo momento.

A medida que nos demos cuenta de las malas hierbas que existen en nuestro jardín, aprenderemos cómo abordarlas. Algunas malas hierbas son fáciles de arrancar. No hay razón para permanecer en una mala relación o ponerse conscientemente en una situación dañina. Cuando detectamos estas malas hierbas, debemos denunciarlas y abordarlas de inmediato.

Con el tiempo, identificará las malas hierbas que son más difíciles de arrancar. Quizás te identifiques con Pablo cuando habla del "aguijón en su costado" en 2 Corintios 12. Cuando esto suceda, estarás consciente de su presencia y buscaremos oportunidades para crecer y estirarnos incluso en medio de las dificultades. . Confía en el poder de Dios para ayudarte a vencer y recuerda que Su poder se perfecciona en la debilidad humana.

Tu plan de desarrollo del carácter

Para algunas personas, construir y mantener un jardín puede parecer una actividad principalmente pasiva. Obviamente, tendrás que hacer el trabajo de colocar la tierra, plantar semillas y (desafortunadamente) arrancar las malas hierbas. Al mismo tiempo, una vez que la semilla está en la tierra, no parece haber mucho que

71

puedas hacer además de realizar un mantenimiento ocasional y esperar a que la planta brote.

Esta perspectiva no es del todo precisa. Un jardín requiere cuidados y atención constantes para poder producir plantas fuertes y saludables. Me he dado cuenta de esto muchas veces en el pasado a medida que me impaciento cada vez más esperando que broten mis vegetales, solo para darme cuenta de que las malas hierbas se han apoderado de mí.

El trabajo duro no termina una vez que las plantas están en la tierra, y lo mismo ocurre con el desarrollo del carácter. No es una actividad pasiva. Requiere concentración y energía constantes. Te sentirás tentado a volver a caer en viejos hábitos. Elegir lo fácil o lo cómodo siempre resultará atractivo.

Si quiere ver una transformación poderosa o resultados a largo plazo, tendrá que comprometerse con un enfoque constante y una acción continua. Elegir la estructura o el proceso correcto es importante, pero una vez que haya identificado lo que planea hacer, el trabajo está lejos de terminar. Ahora es el momento de la ejecución. A veces será agotador y es posible que desees dejarlo.

Sin embargo, constantemente tomas la decisión de continuar porque sabes lo que buscas lograr. No es fácil, pero al entrar sabías que no lo sería. Continúas avanzando no porque sea cómodo o conveniente, sino porque sabes que tanto el viaje como el destino tienen valor.

Los dejo con las palabras de Santiago en Santiago 5:7-8 (NTV): "Queridos hermanos y hermanas, tengan paciencia mientras esperan el regreso del Señor. Consideremos a los agricultores que esperan pacientemente las lluvias en otoño y primavera. Esperan ansiosamente que madure la valiosa cosecha. Tú también debes tener paciencia. Ánimo, porque la venida del Señor está cerca." La cosecha se acerca y continuaremos cultivando nuestros jardines mientras esperamos el momento perfecto de Dios.

Preguntas de aplicación

1. ¿Qué pasos prácticos puedes tomar para "construir tu jardín" o cultivar un ambiente que facilite el desarrollo continuo de un carácter fuerte?

2. ¿Qué semillas de personajes plantarás primero en tu jardín?

3. ¿Conoce alguna maleza que exista actualmente en su jardín? ¿Cómo los abordará?

CAPÍTULO SEIS:
BUSCANDO LA INTEGRIDAD

Siempre me ha intrigado el Sermón del Monte. ¿Y por qué no debería serlo? Es esencialmente el sermón más famoso jamás pronunciado por la persona más grande que haya caminado sobre la tierra.

Uno de los temas repetidos en el Sermón del Monte que me llama la atención es el concepto de recibir una recompensa. En tres ocasiones diferentes, Jesús llama a los fariseos por sus actos públicos de justicia y les dice que ya han recibido su recompensa completa.

Esto me parece interesante porque me recuerda que se puede hacer lo correcto por el motivo equivocado. No hay nada malo en los comportamientos de los que habla Jesús. Creo que todos estaríamos de acuerdo en que orar, ayunar y dar a los necesitados son acciones positivas. El problema no es lo que están haciendo los fariseos. El problema son los motivos detrás de las acciones.

Creo que este es un principio importante a considerar cuando terminamos nuestra conversación sobre el carácter y pasamos a una discusión sobre la integridad. Cuando haces lo correcto por las razones equivocadas, no te haces ningún favor a ti mismo ni a los demás. Disminuyes el impacto de tu actividad y cualquier contribución positiva que hagas se produce sin ningún tipo de elemento relacional o de autosacrificio.

Para que la búsqueda del carácter tenga un efecto sustancial o duradero, debe estar impulsada por la integridad. En otras palabras, tu carácter se basa en tu integridad. El carácter determina lo que haces y la integridad influye en por qué haces lo que haces. Profundicemos en la integridad para comprender plenamente el papel fundamental que desempeña.

¿Qué es la integridad?

El diccionario Webster define la integridad como una firme adhesión a un código de valores especialmente morales o artísticos. Compara el concepto de integridad con la cualidad de ser incorruptible, es decir, incapaz de ser influenciado o sobornado. Para mí, la integridad es hacer lo correcto sin importar el costo o el resultado. Vivir con integridad requiere mantenerse fiel a sus valores y convicciones, incluso frente a la oposición.

La historia del Buen Samaritano en el Evangelio de Lucas es uno de los pasajes más conocidos de toda la Biblia. También es una de las mejores narrativas de las Escrituras a considerar mientras trabajamos para desarrollar nuestra comprensión de la integridad.

La escena comienza en Lucas 10:25, pero es importante recordar que inmediatamente antes de esta historia, Jesús está celebrando la irónica inversión de la sabiduría y el conocimiento en contra de las expectativas de la sociedad. Mira al cielo y alaba a Dios por ocultar la sabiduría a los llamados sabios y, en cambio, elegir compartir cosas importantes con "los niños" (Lucas 10:21, NTV). Los autores bíblicos a menudo colocan historias una al lado de la otra para resaltar un punto y, a medida que nos sumergimos en esta narrativa, veremos rápidamente por qué esta proximidad es importante.

Algún tiempo después de que Jesús hiciera esta declaración, un experto en la ley le hizo una pregunta. "¿Qué debo hacer para heredar la vida eterna?" Si bien la pregunta parece bastante inocente a primera vista, sabemos por el comentario de Lucas que la pregunta fue planteada en un intento de poner a prueba a Jesús (y, potencialmente, acusarlo de blasfemia o herejía contra las enseñanzas judías tradicionales basadas en lo que dijo).

Jesús responde con una pregunta, como lo haría a menudo, y le pregunta al hombre cómo interpreta la Ley de Moisés. El hombre cita dos pasajes clave de la Torá (Deuteronomio 6:5 y Levítico 19:18), que enfatizan la importancia de amar a Dios y amar a los demás. Jesús afirma la respuesta del hombre y promete que vivirá si hace tales cosas.

Sin embargo, el hombre tiene una agenda, por lo que la conversación no termina ahí. Conoce el mandamiento de amar a su prójimo como a sí mismo, pero quiere saber quién es su prójimo. Al igual que su primera pregunta, esta pregunta parecería bastante inocente si no entendiéramos las intenciones del hombre, que quedan claras en el comentario de Lucas. Este hombre no parece interesado en ampliar su definición de las personas que consideraría su "vecino." Quiere escuchar a Jesús decir a quién es aceptable dejar fuera.

Si bien es fácil criticar a este hombre en este momento por ser descaradamente exclusivo, vale la pena señalar que esta no era una preocupación individual. Sus sentimientos no sólo reflejaban sus propios puntos de vista. Más bien, su prejuicio reflejaba al grupo del pueblo judío en su conjunto.

Los judíos tenían fuertes rivalidades y enemistades con ciertos grupos de personas que se remontaban a cientos de años. La idea de asociarse con personas como los samaritanos era escandalosa. Ambas partes sintieron una fuerte animosidad hacia la otra, principalmente centrada en desacuerdos sobre el Templo y la Torá. Los judíos consideraban a los samaritanos ritualmente impuros y se negaban a comer o casarse con ellos.

Si ya has escuchado la historia del Buen Samaritano antes, estás empezando a comprender el factor de shock a un nivel más profundo:

> *"Jesús respondió con una historia: 'Un hombre judío viajaba de Jerusalén a Jericó, y fue atacado por bandidos. Lo desnudaron, lo golpearon y lo dejaron medio muerto junto al camino.*
>
> *Por casualidad llegó un sacerdote. Pero cuando vio al hombre tendido allí, pasó al otro lado del camino y pasó de largo. Un asistente del templo se acercó y lo miró tirado allí, pero él también pasó por el otro lado.*
>
> *Entonces llegó un samaritano despreciado y, al verlo, sintió compasión de él. El samaritano se*

acercó a él, le curó las heridas con aceite de oliva y vino y las vendó. Luego montó al hombre en su asno y lo llevó a una posada, donde cuidó de él. Al día siguiente le entregó al posadero dos monedas de plata y le dijo: 'Cuida de este hombre. Si su factura es mayor que esto, te pagaré la próxima vez que esté aquí.'

'¿Quién de estos tres dirías que era prójimo del hombre que fue atacado por los bandidos?' preguntó Jesús.

El hombre respondió: 'El que tuvo misericordia de él.'

Entonces Jesús dijo: "Sí, ahora ve y haz lo mismo."'

Lucas 10:30-37, NTV

A pesar de la tensión pasada y la percepción entre los judíos de que los samaritanos eran inherentemente malos o impuros, Jesús presenta al samaritano como el héroe de esta historia. Este hombre también hace un excelente trabajo al retratar nuestra definición práctica de integridad, lo reconozca o no, al elegir hacer lo correcto sin importar el costo o el resultado. Al ver al hombre, siente compasión por él. Es imposible saber si se trata de compasión instantánea o si el hombre había estado trabajando para desarrollar la compasión a través de sus esfuerzos por desarrollar su carácter.

De todos modos, la compasión se manifiesta en forma de sentimiento que lleva a la acción. Se acerca al hombre, le cura las heridas y lo sube a su burro para llevarlo a un hotel local. Cuando llegan, le da al posadero dos monedas de plata, una cantidad equivalente al salario de dos días, y promete pagar la diferencia cuando regrese si es necesario más dinero para tratarlo. Nuevamente, no sabemos si el hombre pasaba por la posada con regularidad o si iba a hacer un viaje especial de regreso debido a este arreglo. De cualquier manera, su atención hacia el judío no terminó después de registrarse en la posada. Todavía estaba eligiendo participar en la atención continua del hombre.

Al adoptar este enfoque, el samaritano está dando prioridad a las necesidades del judío, independientemente de lo que éste le exija. No le importa el costo del hotel. No le importa el tiempo perdido ni el desvío en su viaje. Aparentemente no le importa la percepción que pueda recibir de los demás. Aunque no había diferencias físicas evidentes (como el color de la piel o la vestimenta tradicional) entre judíos y samaritanos, es posible que alguien hubiera visto al samaritano atendiendo al judío en el camino o cargándolo en su burro. Incluso si ese fuera el caso, no afectó la actitud o las acciones del samaritano.

Al considerar las implicaciones de esta historia y la demostración práctica de integridad y compasión del hombre samaritano, me pregunto qué sería posible si adoptáramos un enfoque similar. ¿Qué pasaría si nos preocupáramos demasiado por hacer lo correcto, incluso cuando el costo fuera alto y el resultado incierto? ¿Qué pasaría si despreciáramos las expectativas sociales sobre quién merece amor y compasión y hiciéramos del cuidado de los heridos y marginados nuestro principal objetivo?

Así es como se ve la integridad vivida. Los costos pueden ser elevados. Al menos, estamos alterando el esto por aquello y puede resultar incómodo. La mayoría de la gente prefiere evitar los problemas a toda costa. Actuar con integridad a menudo significa que tenemos que estar dispuestos a hablar cuando algo no está bien o cuando daña a otras personas.

Al mismo tiempo, el resultado es incierto. El objetivo final no siempre está claro. Es posible que nuestras acciones no produzcan los resultados que deseamos, pero eso, en última instancia, no es lo más importante. Lo que importa es que vivamos según nuestros valores y enfatisemos el bien común.

También vale la pena señalar que la búsqueda de la integridad hará algo profundo dentro de usted. La aplicación de la integridad a situaciones difíciles y la búsqueda de la integridad en situaciones que podrían afectar negativamente su vida lo desafiarán. Sin embargo, en ese desafío, encontrarás numerosas oportunidades para la formación del carácter y el desarrollo personal. Te convertirás en el tipo de persona que no reacciona ante deseos momentáneos o presiones temporales. En cambio, su objetivo principal será ejercer sus convicciones y hacer lo correcto o bueno.

Priorizar la integridad

Ahora tiene una idea más clara de la relación entre carácter e integridad y comprende cómo la integridad debe tener prioridad. Entonces, ¿cómo se ve esto en la práctica? ¿Qué principios o disciplinas puedes incorporar para hacer realidad este concepto en tu vida diaria?

Lo primero es lo primero, debes aceptar lo que puedes y no puedes controlar. Ambas perspectivas son importantes y es posible que le resulte más difícil adoptar una. Algunas personas luchan por reconciliar lo que no pueden controlar. Encuentro que es especialmente difícil para las personas con una personalidad tipo A y emprendedora. A veces se sienten frustrados porque otras personas no actúan de la misma manera o no se mueven al mismo ritmo. Si esto te describe, concéntrate en dar lo mejor de ti en los dominios que están a tu alcance y confía en que otros están haciendo lo mejor que pueden, incluso cuando no parezca ser el caso.

Otros viven ignorando la cantidad de albedrío que realmente tienen. Eligen centrarse en lo que no pueden controlar y se niegan a aceptar la responsabilidad de elegir un curso o dirección diferente en la vida. Si bien es cierto que hay algunas cosas que no podemos controlar, cada persona tiene cierto grado de influencia. Al menos, eres totalmente capaz de liderarte a ti mismo, y eso por sí solo es una tremenda oportunidad.

Quizás se pregunte qué tiene esto que ver con la integridad. Ser capaz de conciliar lo que puedes y lo que no puedes controlar te permitirá desapegarte de los resultados (que no puedes controlar por completo) y concentrarte en tus propias acciones. En resumen, estás confiando en el proceso, que incorpora no sólo lo que haces sino también la razón por la que haces lo que haces. Tiene fe en que si actúa con integridad, los resultados se resolverán por sí solos.

¿Existe la posibilidad de que las cosas no salgan bien? Por supuesto. La vida no es justa, especialmente cuando las acciones correctas tienen consecuencias negativas mientras que las decisiones equivocadas son recompensadas. Al mismo tiempo, si actúas con integridad y experimentas consecuencias negativas, podrás vivir contigo mismo porque estás en paz con las razones detrás de tus acciones. Cuando vive con esta perspectiva sobre la integridad y valora la aplicación y práctica de la integridad en todas las situaciones, su definición de éxito comienza a cambiar en una nueva dirección.

Una nueva imagen del éxito

¿Cómo definiría usted el éxito? Es una pregunta intencionalmente amplia. Me imagino que si le pidieras a una sala de 100 personas que escribieran su visión ideal del éxito, obtendrías una amplia gama de respuestas. Mucha gente piensa en el éxito en términos de factores externos como dinero, poder y prestigio. Puede encontrar satisfacción temporal en cada una de estas áreas, pero es de corta duración.

A medida que avanzas en tu búsqueda interminable, el éxito comienza a verse diferente. Te vuelves más introspectivo y valoras las cualidades personales internas más que los bienes materiales o las medidas engañosas del éxito externo. Te das cuenta de que tu valor no proviene de lo que tienes o de lo que logras, sino de quién eres como persona.

Eso es lo que pasa con vivir con integridad. A medida que usted llega a apreciar el valor de vivir con integridad en todo momento, independientemente del resultado, el ejercicio de la integridad se convierte en la verdadera medida del éxito. En otras palabras, te importa más el proceso que el resultado. No te importa tanto adónde llegas porque encuentras un gran valor y satisfacción en el viaje.

Es la persona que está dispuesta a defender lo que está bien y lo que está mal, no porque esté pensando en cómo los perciben los demás, sino porque le importa luchar contra la injusticia. Es el hombre que permanece fiel a su esposa durante varias décadas de matrimonio, no porque tenga miedo de las consecuencias de la infidelidad, sino porque ama y honra a su esposa. Es el pastor que pasa largas horas visitando a personas confinadas, no porque esté incluido en la descripción de su trabajo sino porque quiere ser un estímulo para aquellos que se sienten solos y aislados.

La recompensa en cada uno de estos ejemplos es difícil de captar o comprender por completo, pero ese no es el punto. La integridad no se trata de hacer lo correcto porque deseas algún tipo de recompensa. Se trata de hacer lo correcto simplemente porque es lo correcto. Con el tiempo, la búsqueda misma se convierte en la fuente última de satisfacción. Tu objetivo no es ganar el juego, por así decirlo. Tu objetivo es seguir jugando.

Creo que este es el tipo de vida que Jesús quiere que vivamos. Gálatas 6:9-10 (NTV) dice: "Así que no nos cansemos de hacer el bien. En el momento justo, cosecharemos una cosecha de bendiciones si no nos damos por vencidos. Por lo tanto, siempre que tengamos la oportunidad, debemos hacer el bien a todos, especialmente a los de la familia de la fe." Es imposible decir si esa cosecha es para nuestro beneficio o para el de otra persona y, en última instancia, no importa porque Dios siempre es fiel a sus promesas. Simplemente estamos aquí para hacer lo correcto y sabemos que eso tiene un valor inherente incluso si no se presenta de inmediato.

A medida que comienza a adoptar verdadero carácter e integridad, se posiciona como el tipo de persona que puede animar a otros a trabajar por el bien común. Liderar e influir en otros no debe ser una cuestión de beneficio personal, sino de perseguir una visión que impacte a todo su equipo, organización o comunidad de manera positiva. No se puede subestimar la importancia de un liderazgo fuerte, y por eso es el siguiente paso que vamos a dar.

Preguntas de aplicación

1. En tus propias palabras, describe la intersección entre carácter e integridad. ¿Cómo te parece vivir ambas cualidades en tu vida?

2. ¿Cómo influye la historia de Jesús y Zaqueo en tu definición de integridad?

3. Piense en una situación de su vida en la que actuar con integridad podría generar conflicto o malestar. ¿Qué tan comprometido estás a dar este paso?

CAPÍTULO SIETE: DESARROLLAR HABILIDADES DE LIDERAZGO

¿Qué es un líder?

Esta es una gran pregunta y se podría responder de muchas maneras diferentes. Algunas personas imaginan a un líder como la voz más fuerte de la sala. Otros pensarán en un líder como la cara de una empresa u organización, aquel que recibe elogios y elogios cuando las cosas van bien (y críticas cuando los tiempos no son tan buenos).

No importa qué imagen le venga a la mente cuando piensa en un líder, es probable que tenga una noción preconcebida de cómo suele ser un líder o de lo que significa ser un líder. Es posible que no se sienta un líder nato y que se pregunte qué valor tiene este capítulo para usted.

Permítame animarle a no saltarse este capítulo ni asumir que este mensaje no se aplica a usted. Claro, existe la posibilidad de que nunca tengas subordinados directos en el trabajo. Es posible que nunca esté en una posición en la que tenga que tomar decisiones difíciles en nombre del grupo o estar al frente del grupo y alentar a los que están detrás de usted a seguir avanzando en la dirección que usted estableció. Sin embargo, todos estamos llamados a ser líderes de alguna forma.

La definición más simple de líder que he escuchado proviene del Diccionario Webster: "Un líder es una persona que lidera." Todos estamos llamados a asumir esta responsabilidad, incluso si no la reconocemos inicialmente. Para empezar, cada uno la persona debe aprender a liderarse a sí misma. Esta es una tarea que no recibe tanto crédito ni respeto como merece. Usted es el principal responsable de elegir su actitud, su perspectiva de la vida y la forma en que interpreta y responde a situaciones tanto dentro como fuera de su control.

Esta es una de las aplicaciones más importantes del liderazgo, y debemos dedicar algo de tiempo a hablar de ella para comprender plenamente por qué es importante, especialmente si se queda atrapado en un monzón (tormenta tropical) inesperado durante unas vacaciones familiares.

Cómo liderarte a ti mismo

Nunca imaginas que tu día de playa termine con tu familia siendo escoltada fuera de las instalaciones por un salvavidas, pero eso es exactamente lo que les pasó a los Crimm durante unas vacaciones recientes.

Sólo para aclarar, no hicimos nada peligroso ni perturbador. Simplemente hubo una tormenta eléctrica masiva que estalló poco después de que nos dispusiéramos a comenzar el día. Después de que nos pidieron que abandonáramos la playa, nos escondimos bajo un refugio cercano, esperando un rápido respiro. A medida que pasó el tiempo, nos dimos cuenta de que nuestros planes para el día eran una farsa (sin juego de palabras).

Aún así, pensé que podría aprovechar un breve descanso en la tormenta volviendo corriendo a nuestro condominio con nuestro equipo. Esta terminó siendo una mala elección. Llegué a la mitad del camino relativamente seco, pero rápidamente me encontré con un aguacero torrencial.

Mi momento fue terrible. Pensé que había hecho el movimiento correcto, pero al final del día no pude controlar el clima.

Podría haberme enfadado, pero prefiero reírme. *Me habría mojado de cualquier manera después de darme un chapuzón en el océano*, Pensé dentro de mí. Todavía tuve un momento refrescante, pero no el que esperaba.

Liderarte a ti mismo comienza reconociendo la cantidad de autonomía o agencia que tienes sobre tu vida. En el capítulo cuatro, mientras hablábamos de motivación, echamos un vistazo a las enseñanzas de Stephen Covey sobre el círculo de preocupación y el círculo de influencia. Como recordatorio, cualquier cosa que en última instancia no controle encaja en el círculo de preocupaciones. Esto incluye cuestiones como si te ofrecen o no el trabajo de tus sueños, si alguien que te interesa acepta tener una cita contigo o si llueve o no el día en que planeas ir a la playa. ¿Puedes preocuparte por estas cosas? Seguro. ¿Puedes obligarlos a seguir tu camino? No.

Por otro lado, el círculo de influencia incluye todos los dominios que tú mismo controlas. Elegir dedicar tiempo diario a las Escrituras y a la oración se encuentra dentro de su círculo de influencia. También lo es planificar su día con anticipación para saber lo que quiere (o necesita) lograr durante sus horas de trabajo. Hay muchas cosas que no puedes controlar, pero todavía hay varias decisiones importantes que puedes tomar cada día.

Si vas a encontrar el mayor valor en tu búsqueda interminable de toda la vida, y si vas a transformarte con el tiempo en una persona que produce un impacto positivo y alcanza su máximo potencial, es absolutamente fundamental que aprendas cómo para guiarte a ti mismo. No puede esperar a que otros tomen decisiones clave por usted. La rendición de cuentas puede ser útil, pero debe tener cierto grado de agencia para poder tomar las medidas correctas y desarrollar hábitos positivos que lo mantengan en el camino hacia el éxito y el crecimiento.

Cuando pienso en el autoliderazgo, no puedo evitar pensar en Daniel del Antiguo Testamento. Aunque el libro de Daniel tiene sólo doce capítulos, aprendemos bastante sobre la vida de Daniel en poco tiempo. Para empezar, Daniel elige no comer la comida y el vino reales y elige limitarse a agua y verduras (Daniel 1:12). Después de diez días, Daniel y varios de sus compañeros israelitas parecían mucho más sanos y mejor nutridos que los babilonios que comían de la mesa del rey (Daniel 1:15-16). Más adelante en la vida de Daniel, aprendemos que ora tres veces al día y continúa practicando este hábito a pesar de un edicto del rey Darío que prohíbe al pueblo orar a nadie además de él (Daniel 6:10-11).

A pesar de la oposición externa, Daniel muestra un fuerte compromiso de liderarse a sí mismo. Sus acciones están comprometidas con su sentido de propósito en la vida (otro concepto que discutimos anteriormente en este libro) y su compromiso de honrar a Dios y buscar la justicia.

La forma en que Daniel se comporta también refleja su nivel de autodisciplina, que es la capacidad y la voluntad de sacrificar la comodidad a corto plazo por el crecimiento a largo plazo. La autodisciplina y el autoliderazgo van de la mano. En última instancia, ambas cualidades mejoran su capacidad para practicar e implementar los principios que leemos en la palabra de Dios.

El ejemplo de Daniel nos recuerda la importancia de tomar decisiones diarias que contribuyan a nuestro crecimiento y desarrollo a largo plazo. Cuando tomamos estas decisiones, nos ponemos en condiciones de influir positivamente en otros además de nosotros mismos. Debido al compromiso de Daniel con la disciplina y su determinación de hacer lo correcto cada vez, fue ascendido a supervisar todo el reino junto con cada gobernante sucesivo. Cómo demostró que era digno de confianza, fue elevado a puestos clave de liderazgo.

Liderarte a ti mismo y a los demás

Al igual que Daniel, si haces un buen trabajo guiándote a ti mismo, es muy probable que te coloquen en una situación en la que te pidan que también líderes a otros. Si bien esto puede ser un esfuerzo desconocido y desafiante, también es una gran oportunidad para expandir su impacto y volcarse en los demás de una manera que beneficie su propia búsqueda interminable además de la de ellos.

Recuerde las palabras de Jesús en Lucas 16:10 (NTV): "Si eres fiel en las cosas pequeñas, lo serás en las grandes. Pero si eres deshonesto en las cosas pequeñas, no lo serás en las responsabilidades mayores." Su enfoque no será consistentemente diferente sólo porque las luces se vuelvan más brillantes o los riesgos aumenten. Con el tiempo, volverá a su nivel operativo estándar. Si no hace el arduo trabajo de liderarse a sí mismo, las cosas no cambiarán simplemente porque ahora se encuentra en una posición de autoridad. Por otro lado, si te lideras bien incluso cuando nadie te está mirando, estarás en una posición privilegiada para brillar cuando llegue el momento de dar un paso al frente y liderar a otros.

Esta transición puede ser un desafío porque liderar a otros requiere un conjunto de habilidades diferente al de liderarse uno mismo. Si se reduce el liderazgo a su esencia más básica, el liderazgo influye en un resultado que de otro modo no habría ocurrido. Los líderes suelen ser innovadores, creativos y motivados para lograr resultados.

Cuando te liberas a ti mismo, eres la única persona a la que tienes que convencer y, en general, estás de acuerdo contigo mismo. Claro, puede que le cueste decidir qué ver en la televisión o qué cenar, pero esos debates internos suelen ser de corta duración y relativamente civilizados. No tienes que convencer a nadie más para que se ponga de tu lado o vea el mundo como tú lo ves.

Todo esto cambia cuando llega el momento de liderar a otros. De repente, la dirección no es el único factor importante. Debido a que debes asegurarte de que todos los demás estén de acuerdo con el camino que estás recorriendo y el resultado que estás persiguiendo, el ritmo también se vuelve importante. Los mejores líderes no caminan quince metros delante del grupo al que guían. Identifican el destino, pero también caminan al ritmo de su equipo.

Cuando tenía 19 años, estaba caminando con un grupo hasta la cima de Pike's Peak. Estábamos a solo 300 metros de la cima cuando uno de mis compañeros en prácticas nos dijo que no podía dar un paso más. Tenía tantas ganas de quedarme con mi grupo y dejar que su grupo descubriera por sí solo lo que harían. Poco después, me di cuenta de que su grupo ya se había adelantado a él.

Yo tampoco era un excursionista experto, pero sabía que no podía dejarlo atrás. Aunque quería ignorarlo, algo se agitó dentro de mí que me dijo que necesitaba actuar. Me acerqué a él, le entregué un paquete de gelatina que sobró de mi PB&J (Esto significa sándwich de mantequilla de maní y mermelada en inglés) y le dije que se lo comiera mientras dábamos unos pequeños pasos a la vez. No quería continuar, pero le dije que estábamos demasiado cerca de la cima para rendirnos ahora.

No conocía bien a este tipo. Sólo lo había visto en el campus unas pocas veces. Sin embargo, no podía dejar de sentir que él era mi responsabilidad en ese momento. Quizás no era mi problema según los estándares mundanos, pero no podía dejar pasar la oportunidad de ofrecerle algo de aliento y ayuda.

Cuando mi nuevo amigo vio la línea de meta, se le llenaron los ojos de lágrimas. Inmediatamente se sintió capacitado para correr hacia la cima y yo lo seguí de cerca. En la cima de la montaña, comenzó a saltar arriba y abajo. "¡Nunca había hecho algo así en mi vida! ¡Nunca pensé que podría hacer esto!" Nos abrazamos y celebramos juntos mientras otros también chocaban los cinco y lo felicitaban.

No recibí ningún "atta-boys" (esta es una frase que significa buen trabajo en inglés) ni palmaditas en la espalda por ayudarlo a llegar a la cima, pero obtuve algo mejor. Mi propia experiencia se volvió mucho más gratificante. Pude presenciar a alguien hacer algo que antes pensaba que era imposible. Algo sorprendente sucedió ese día y siempre estaré agradecido por el pequeño papel que desempeñé.

Esta historia me viene a la mente cada vez que pienso en liderazgo. Un líder no solo muestra al grupo cómo llegar a la cima de la montaña, sino que empodera a cada persona con la fuerza y las habilidades que necesita para llegar allí. A veces, eso significa que te mueves a un ritmo más lento de lo que te gustaría para que los demás sigan moviéndose contigo.

Creo que todo liderazgo comienza con el autoliderazgo porque no puedes liderar a nadie si no puedes liderarte a ti mismo. Más importante aún, no se convertirá en un líder que valga la pena seguir si no sabe cómo liderarse a sí mismo. Algunas personas suponen que todo lo que se necesita para ser líder es una posición de autoridad, pero esta es una imagen increíblemente limitada y estrecha de quién es un verdadero líder. No debes asumir que la gente escuchará lo que tienes que decir o seguirá las instrucciones que establezcas sólo porque estás en una posición de autoridad. La confianza y el respeto se ganan con el tiempo y ambos pueden perderse en un instante.

A medida que pasamos de liderarnos a nosotros mismos a liderar a otros, debemos considerar cómo es convertirse en un líder que vale la pena seguir. Debemos ser lo suficientemente conscientes de nosotros mismos para comprender lo que aportamos y dónde aún podemos crecer y mejorar. Debemos recordar que nuestro liderazgo no significa nada si la gente no está dispuesta a ser dirigida por nosotros.

En última instancia, hay algunos principios clave que vale la pena analizar y que le ayudarán a convertirse en un líder fuerte, auténtico y centrado en Cristo. Profundicemos en algunas de estas cualidades a continuación.

Los líderes son valientes

Cualquiera con experiencia en liderazgo comprende que liderar a otros no siempre es cómodo. De hecho, si lidera bien, con frecuencia se encontrará en situaciones en las que no podrá seguir adelante sin una gran cantidad de coraje. Los líderes deben salir regularmente de su zona de confort, asumir riesgos e impulsar a otros a seguir adelante, incluso cuando enfrentan adversidad e incertidumbre.

Lo que hace que esto sea un desafío es que los líderes a menudo llevan consigo sus propios miedos, inseguridades e incertidumbres mientras lideran. Es fácil caer en la trampa de pensar que los líderes lo tienen todo resuelto. Los líderes están en un camino de crecimiento, lucha y desarrollo como cualquier otra persona. Deben reconocer cuándo esto está sucediendo en lugar de dar la idea errónea de que ya son un producto terminado. Nadie es.

A lo largo de las Escrituras, vemos ejemplos de líderes valientes que actúan por convicción en lugar de por deseo de comodidad o conveniencia. Piense en la decisión de Éster de presentarse ante el rey Asuero (rey Xerxes en inglés) para contarle la injusticia que le estaba sucediendo al pueblo hebreo en el libro de Ester. Otro gran ejemplo viene de Daniel 3 cuando Sadrac, Mesac y Abednego deciden audazmente no inclinarse ante el ídolo creado por el rey Nabucodonosor, incluso con plena conciencia de las posibles consecuencias de sus acciones. Incluso Gedeón, de quien hablamos en el capítulo uno cuando hablábamos del propósito, mostró extrema valentía y asertividad cuando más tarde persiguió al enorme ejército Madianita con sólo 300 hombres. La historia de Gedeón es especialmente irónica porque era muy tímido y cobarde cuando lo conocimos.

El denominador común de cada una de estas historias (y personajes) es la conciencia del gran poder de Dios. A veces, actuar con valentía sólo es posible cuando nuestra fuerza proviene de una fuente externa. La vida nos desgastará y tratará de hacernos centrar en cosas que están fuera de nuestro control. Podemos temer a lo desconocido o podemos confiar en Aquel que creó el mundo y todo lo que hay en él.

Cuando encontramos nuestra fuerza en nuestra fe, nos fortalecemos para vivir (y liderar) a través del coraje independientemente de las situaciones que experimentemos. También llegamos a apreciar más estas temporadas difíciles porque reconocemos la increíble oportunidad de crecimiento y desarrollo que pueden brindar.

Cuando tenía catorce años, fui a un viaje misionero con mi grupo de jóvenes a Manhattan. Durante el viaje, fuimos a Central Park alrededor de la medianoche para hacer ministerio en las calles. Nuestros líderes nos dividieron en varios grupos y nos enviaron al parque. Me encontré emparejado con una chica preciosa unos años mayor que yo y otro adolescente que tenía algunas discapacidades intelectuales.

Estaba aterrado. Honestamente, juntarnos a los tres en un grupo probablemente no fue la mejor idea de nuestros líderes juveniles. Hubo algunas experiencias geniales: por ejemplo, conocimos a un hombre llamado Eddie en el parque que acababa de salir de una pelea con su esposa recién casada. Oramos con él y lo animamos. Al mismo tiempo, evitamos por poco una situación potencialmente peligrosa.

Hacia el final de la noche, regresamos para reunirnos con nuestros líderes y el resto del grupo. En el camino, estábamos rodeados por un grupo de hombres vestidos todos de negro. Escuché una voz que decía: "Queremos hablar con tu chica."

No tuve tiempo para pensar en cómo responder, pero estoy agradecido de que Dios me haya dado el coraje que necesitaba para hacerme cargo y proteger a mi grupo. Le hice un gesto a la niña y al otro niño como diciendo: "No hables con ellos. Sigue moviéndote." Agachamos la cabeza y continuamos caminando por el centro del círculo. Afortunadamente no nos siguieron.

No quisiera volver atrás y revivir esa experiencia. Tampoco recomendaría que un chico de 14 años dirigiera un grupo por Central Park a medianoche. Sin embargo, estoy agradecido por las lecciones que aprendí esa noche. Si aspiras a ser un líder, es probable que Dios te ponga en situaciones que exigen valor y valentía que aún no tienes. La próxima vez que se encuentre en una situación desafiante que exige liderar con valentía, considere cómo la fe podría permitirle avanzar con confianza. Recuerda que tu objetivo no es ser perfecto sino actuar desde tus valores y convicciones mientras ayudas a otros a crecer y alcanzar su potencial.

Los líderes no le temen al cambio

Generalmente, la gente no aprecia el cambio. Puede haber excepciones a la regla, como recibir un ascenso en el trabajo o mudarse a una casa más bonita. Al mismo tiempo, estos son cambios que buscamos o cambios que tienen un beneficio claro, tangible y obvio para nosotros.

Por lo general, los líderes están a cargo de iniciar un cambio que al principio desafía a las personas. Pueden tener una forma habitual de hacer las cosas, o pueden tener un apego a cierto progreso o actividad porque incluye un alto grado de familiaridad. Éstas son las personas que dicen: "Si no está roto, no lo arregles."

Como líder, usted está llamado a buscar constantemente oportunidades para mejorar las cosas. En muchos casos, esto requiere iniciar y guiar a grupos y equipos a través de ajustes. Los líderes no realizan cambios sin ningún motivo, y cualquier cambio que usted decida realizar debe estar relacionado con el propósito general o los valores del equipo que dirige. Los líderes deben aprovechar la oportunidad que brinda el cambio positivo y deben ser lo suficientemente valientes y audaces para guiar a otros a través del cambio, incluso cuando sea inconveniente o inicialmente no bienvenido.

Si Moisés todavía estuviera vivo en la Tierra, podría contarnos todo sobre la resistencia al cambio. Uno pensaría que Moisés tendría un índice de aprobación de por vida por las nubes después de sacar a los israelitas de la esclavitud y la opresión egipcia. Sin embargo, una vez que Moisés saca al pueblo de Dios del cautiverio en Egipto y lo lleva al desierto, no pasa mucho tiempo para que comiencen a acumularse el descontento y la frustración. Los israelitas constantemente se quejan ante Moisés de sus circunstancias y añoran abiertamente sus días de esclavitud en Egipto.

Aquí se están produciendo algunas dinámicas que es importante reconocer. En primer lugar, la esclavitud en Egipto no es mejor que vagar por el desierto, de la misma manera que estar en prisión no es mejor que pasar un día trabajando en Dunder Mifflin, independientemente de lo que diga Martin Nash. En segundo lugar, esta historia nos recuerda lo difícil que es cambiar. El cambio es desconocido. El cambio es incierto. Buscar el cambio es como caminar por un sendero salvaje de noche con sólo una pequeña linterna o farol. Y por cierto, también está lloviendo. Es posible que vea lo suficientemente lejos frente a usted para saber dónde dará los siguientes pasos, pero ciertamente no puede distinguir el destino.

Sinceramente, para mí esta no es sólo una situación hipotética. Durante un semestre en Texas, trabajé en una pasantía llamada Honor Academy. Una noche en la que trabajaba en seguridad, nos enteramos de que una de las chicas no podía encontrar a su compañera de cuarto. Mientras tanto, la caseta de seguridad recibió varios reportes de otros internos que estaban recibiendo extrañas llamadas de un hombre con una voz que sonaba como la del asesino en serie de la película "Scream." Esta era una situación preocupante, por decir lo menos.

Nos dispersamos por el campus para buscar a la niña. Casualmente, estábamos afuera en medio de una tormenta. Teníamos linternas, pero debido a la lluvia y la oscuridad, sólo podíamos ver unos pocos metros delante de nosotros a la vez.

Finalmente, descubrimos que la niña estaba en la habitación de otra persona y que las extrañas llamadas provenían del dormitorio de los chicos. Rápidamente les quitamos el cambiador de voz y esperábamos no volver a tener una experiencia similar.

Al recordar esa noche, me doy cuenta de que no teníamos idea de qué hacer cuando se presentaba el peligro, pero sabíamos que necesitábamos hacer algo. El liderazgo suele ser del mismo modo. Como líder, el camino a seguir puede no siempre ser claro, pero sabes que tienes que dar el primer paso y confiar en que Dios iluminará el resto del camino a medida que sigues avanzando. Su motivación para seguir adelante es una combinación de fe y de conciencia de que quedarse quieto o retroceder no es una opción adecuada.

Esto es exactamente lo que hizo Moisés. Cuando el pueblo comenzó a quejarse, Moisés no se dio vuelta y condujo al pueblo de regreso a Egipto a pesar de que eso era lo que querían. Moisés estaba dispuesto a plantarse y continuar avanzando hacia la Tierra Prometida. No era perfecto (lea Números 20 si no me cree), pero mantuvo la vista en el premio y reunió a la gente bajo su liderazgo en torno a la creencia de que Dios los estaba guiando a un lugar mejor que el que habían estado anteriormente.

Cualquiera que se esfuerce por ser un líder encontrará situaciones en las que las personas se resisten al cambio.

Cuando esto suceda, ¿qué harás? ¿Cederás a la presión social y perseguirás lo que sea fácil o conveniente? ¿O vivirás por convicción, dispuesto a resistir incluso frente a la oposición? Piense en nuestra conversación anterior sobre la motivación y considere si está dispuesto a sacrificar alguna incomodidad o tensión a corto plazo por la promesa de un impacto o influencia a largo plazo.

Los líderes siempre están creciendo

Hablamos detalladamente sobre el autoliderazgo anteriormente, por lo que no seremos demasiado repetitivos en esta sección. Sin embargo, debo señalar que la responsabilidad de seguir creciendo y desarrollándose como líder nunca termina. No puedes darle a otra persona lo que tú mismo no tienes y nunca alcanzarás nuevas alturas como líder a menos que continúes desarrollando tu propio carácter y habilidades de liderazgo.

Es por eso que Jesús constantemente se alejaba de las multitudes (e incluso de sus discípulos más cercanos) para estar solo y orar. No fue porque a Jesús no le agradara la gente, y ciertamente no fue porque tuviera que ponerse al día con el lanzamiento de su último programa o actualizar sus redes sociales. Jesús entendió que no podía servir de una copa vacía.

Esto es especialmente crítico en un mundo que intenta agobiarnos con diversas presiones y diferentes formas de estrés. Como nos dice Proverbios 11:25 (NTV): "Los generosos prosperarán, los que refrescan a otros serán refrescados ellos mismos."

Si bien esto puede parecer que va en contra de los consejos que normalmente se escuchan, creo que hay una verdad y un valor increíbles en este mensaje. Al igual que tú, sé lo que es sentir que no tienes nada más para dar. Recientemente estuve en medio de una temporada especialmente difícil. En algún momento en medio de la tormenta, descubrí un nuevo enfoque que marcó una gran diferencia.

Lo que aprendí es que la línea entre el cuidado personal y el ensimismamiento o la autocompasión es muy fina. Si dedicamos demasiado tiempo a cuidar de nosotros mismos, creamos un agujero más grande que aquel del que intentábamos escapar al principio. En lugar de aislarnos en busca de niveles más profundos de energía y satisfacción, podemos encontrar un verdadero refrigerio refrescando a los demás. Es sorprendente cómo la alegría puede multiplicarse exponencialmente a medida que estamos más dispuestos a entregarnos libremente al servicio de los demás.

Hablando de encontrar refrigerio a través de la conexión, a medida que reconoce la responsabilidad que tiene como líder de continuar creciendo, se siente más cómodo aceptando la vulnerabilidad como una herramienta para establecer una mayor conexión con aquellos a quienes lidera. Existe un estigma de vulnerabilidad que lleva a algunos líderes a evitar ser abiertos sobre sus luchas o limitaciones. Algunas personas escuchan vulnerabilidad y asumen que significa que deben derramar muchas lágrimas o exponer todos los defectos de su pasado.

Esta no sólo es una percepción inexacta de la vulnerabilidad, sino que también es bastante dañina. No recesitas compartir todos los detalles buenos, malos y feos de tu vida hasta ahora para practicar la vulnerabilidad. En cambio, todo lo que necesitas hacer para ser vulnerable es reconocer que aún no eres un producto terminado. Sea abierto sobre el hecho de que todavía tiene espacio para crecer y sea específico sobre las áreas en las que está tratando de mejorar. Es muy probable que quienes lo rodean ya puedan ver estas limitaciones, y usted generará una enorme confianza al reconocer que también sabe que están ahí.

Un nuevo tipo de líder

A lo largo de este capítulo, hemos estado hablando del liderazgo de manera general. Sin embargo, todavía queda una gran pregunta: ¿cómo impacta nuestra fe en la forma en que lideramos? ¿Qué tipo de ejemplo nos da Jesús como líder?

Vale, bien, dos preguntas. Pero están conectados a la perfección y, al abordarlos, encontraremos el ingrediente secreto que hace que nuestro liderazgo sea verdaderamente impactante y transformador. De hecho, es una cuestión tan importante que necesita su propio capítulo, que es exactamente hacia donde nos dirigiremos a continuación.

Preguntas de solicitud

1. En una escala del uno al diez, ¿cómo calificaría su capacidad actual para liderarse a sí mismo? ¿Qué se necesitaría para aumentar su calificación en 1 o 2 puntos?[8]

2. ¿Cuál es tu actitud hacia el cambio? ¿Cómo puedes aceptar mejor el cambio para ayudar a guiar a otros a través de la incertidumbre?

3. ¿Cómo puedes seguir creciendo como líder? ¿Qué pasos darás?

---

[8] Si ya tienes un diez, no es necesario que respondas la segunda pregunta. Sin embargo, me encantaría hacerte algunas preguntas y leer el libro que termines escribiendo sobre liderazgo.

CAPÍTULO OCHO: LIDERANDO CON UN CORAZÓN DE SERVICIO

Sea honesto: cuando estaba leyendo el último capítulo, ¿alguna vez se preguntó por qué alguien querría liderar si es tan desafiante? Después de todo, no suena precisamente agradable. ¿Cuál es el punto de liderar o ser líder?

En última instancia, un líder es alguien apasionado por una causa particular y ve una mejor manera de hacer las cosas. Eligen liderar no porque les resulte conveniente o cómodo a corto plazo, sino porque quieren ver un futuro diferente al presente. Incluso diría que los mejores líderes están impulsados por el deseo de hacer del mundo un lugar mejor para que otros vivan.

En otras palabras, el liderazgo verdadero y auténtico no es egoísta en lo más mínimo. Se trata de hacer una contribución positiva a su familia, iglesia, organización, equipo, comunidad o sociedad. Y aquí es donde resulta increíblemente útil y valioso observar el ejemplo que Jesús nos da como líder.

Honestamente, es fácil dar por sentado el liderazgo de Jesús a medida que nos familiarizamos demasiado con

Su vida e historia. Es fácil volverse insensible a las historias que leemos en los Evangelios si creciste como cristiano o has asistido a la iglesia durante muchos años.

Al considerar lo que realmente significa ser un líder servidor a la luz del ejemplo de Jesús, espero que podamos dar un paso atrás y leer estas historias con una nueva perspectiva para descubrir lo que realmente está sucediendo. Creo que esta experiencia sería increíblemente formativa para nosotros al considerar cómo podemos liderar a otros de manera efectiva. Como Jesús enseña en Mateo 20:26-28 (NTV), "Pero entre ustedes será diferente. El que quiera ser líder entre vosotros deberá ser vuestro servidor, y el que quiera ser el primero entre vosotros deberá convertirse en vuestro esclavo.[9] Porque ni siquiera el Hijo del Hombre vino para ser servido, sino para servir a otros y para dar su vida en rescate por muchos."

Todo sobre el honor

¿Puedes adivinar mis dos trabajos favoritos en el restaurante? Apuesto que mi respuesta te sorprenderá. Más que nada, me encanta lavar los platos y limpiar el comedor. Siento mucha alegría al servir y hacer el trabajo que ayuda a los demás. Estas tareas no son especialmente glamorosas ni notables, pero me permiten mantener la humildad y al mismo tiempo mejorar la experiencia de nuestros invitados y miembros

---

[9] La palabra griega usada en el texto (δοῦλος o "doulos") a veces se traduce como "siervo" y otras veces como "esclavo" en todo el Nuevo Testamento. De cualquier manera, denota un acto voluntario y no se parece a la esclavitud forzada tal como la entendemos hoy.

del equipo. Es fácil olvidarse de la importancia de unos platos limpios y un comedor ordenado, pero sin ellos nuestro restaurante no podría funcionar.

La verdad es que podemos fomentar una mayor humildad haciendo cosas que la mayoría de las personas no están dispuestas a hacer. También proporciona un ejemplo increíble para quienes nos rodean. ¿Te imaginas lo que piensan los miembros de mi equipo cuando me ven, como operador del restaurante, lavando platos o recogiendo basura? Envía un mensaje a todo el equipo sobre cuán seriamente valoramos el liderazgo de servicio y el autosacrificio.

Intentó encarnar esta postura porque es lo que aprendo del ejemplo de Jesús y realmente me produce una sensación de alegría y satisfacción. En el mundo antiguo, la gente se preocupaba profundamente por recibir honores.[10] Por eso los fariseos y los líderes religiosos se sintieron tan amenazados por Jesús. Vieron sus enseñanzas como una amenaza a su estatus y prestigio y les preocupaba que el mensaje de Jesús pudiera afectar su posición en la sociedad.

Nuestro mundo no ha cambiado mucho en 2,000 años. Hasta el día de hoy, muchas personas ven el poder, la riqueza y la fama como métricas principales del éxito. Algunos anhelan tanto estos elogios que harían cualquier cosa para acumular más, incluso a expensas de los demás.

Una de las cosas más intrigantes de la historia de Jesús es su enfoque contrario a la intuición del honor y el

---

[10] https://www.unrv.com/book-review/empire-of-honor.php

liderazgo de servicio. En Filipenses 2 (un pasaje al que a menudo se hace referencia como "el himno de Cristo"), Pablo explica cómo Jesús abandonó su posición honorable y asumió la postura de un siervo.

El sorprendente contraste se vuelve aún más evidente cuando nos fijamos en el idioma griego original del pasaje. El versículo seis dice que Jesús era "μορφῇ Θεοῦ" (morphe Theou), o "en la misma forma que Dios", pero el versículo siete enfatiza la decisión de Jesús de abrazar μορφὴν δούλου (morphe doulou) o "la forma de un sirviente." Jesús hace esta transición de estatus al "vaciarse" o "despojarse" (dependiendo de la traducción que leas).

Esto me recuerda al programa de televisión "Undercover Boss (Jefe Encubierto)", donde los directores ejecutivos y los principales líderes organizacionales trabajan encubiertos en los niveles inferiores de su empresa. Este programa es atractivo porque no esperamos ver a personas en el poder abandonar su posición en favor de un rol inferior.

Nunca olvidemos que Jesús fue el primer "jefe encubierto." No sólo se despojó de sí mismo para abrazar la naturaleza de un siervo, sino que se sometió a una muerte cruel en una cruz romana (Filipenses 2:8).

Jesús no se limitó a degradarse a un nivel inferior: voluntariamente abandonó todo por el beneficio de los demás. A través de su abnegación, Dios exaltó a Jesús al lugar más alto y lo sentó a su diestra. Jesús se humilló hasta el punto más bajo imaginable y Dios lo exaltó hasta el lugar más alto posible.

Si vamos a practicar un auténtico liderazgo de servicio, debemos convertirnos en personas que puedan valorar humildemente los deseos y necesidades de los demás por encima de los nuestros. Como pueblo de Dios, tenemos el poder de cambiar el mundo y traer el reino de Dios a la Tierra si seguimos el ejemplo de Jesús. Y todo comienza con abandonar el deseo de poder y estatus y abrazar el deseo de servir a los demás con amor.

Arrepiéntete para comenzar

Uno de mis libros favoritos es "Enciende Tu Cerebro" de la Dra. Caroline Leaf. En su libro, la Dr. Leaf sostiene que muchas de las enfermedades que aquejan a la gente hoy en día son resultado directo de la calidad de sus pensamientos. Utiliza investigaciones científicas y médicas para mostrar cómo podemos alcanzar niveles más altos de salud y bienestar simplemente alterando nuestros patrones de pensamiento. Al accionar este "interruptor", podemos vivir una vida más feliz, más saludable y más placentera.

Este cambio es posible gracias a la neuroplasticidad. Durante muchos años, los científicos creyeron que no podíamos cambiar los patrones de pensamiento en nuestro cerebro una vez desarrollados. El entendimiento común era que una vez que aprendes o crees en algo, es imposible cambiar de opinión. La neuroplasticidad se refiere a la capacidad de nuestro cerebro para formar nuevos patrones de pensamiento que son contrarios a lo que creíamos anteriormente.

Si bien los hallazgos científicos tienen menos de 100 años, esta perspectiva en realidad respalda un principio clave del ministerio de Jesús. Si está familiarizado con el mensaje del Evangelio, estará muy consciente de los constantes llamados de Jesús a la gente al arrepentimiento. Sin embargo, ¿alguna vez te has detenido a considerar lo que realmente significa arrepentirse?

La palabra Griega original para arrepentirse era "metanoia", que traducida literalmente significa "cambiar de opinión" o "ver las cosas de manera diferente". Esto puede tomarte desprevenido si sólo estás acostumbrado a escuchar la palabra "arrepentirse" junto con el pecado. Si bien las connotaciones tradicionales del arrepentimiento todavía tienen sentido a la luz de esta definición, también podemos ver el arrepentimiento desde otra perspectiva con esta comprensión refinada.

En mi opinión, hace aún más fuerte el llamado de Jesús al arrepentimiento. Piénsalo. Jesús no estaba simplemente pidiendo a la gente que se comportara de manera diferente. Los estaba desafiando a pensar de nuevas maneras. Dado que nuestros pensamientos y creencias alimentan nuestras acciones, este cambio seguirá impactando la forma en que nos comportamos. Sin embargo, también conduce a una transformación mucho más profunda.

Si queremos convertirnos en verdaderos líderes servidores, debemos estar dispuestos a arrepentirnos. Debemos cambiar de opinión. Debemos seguir el mandato de Pablo en Romanos 12:1 (NTV) después de que nos dice que ofrecer nuestros cuerpos como sacrificios vivos es la forma más verdadera de adoración a Dios. Él escribe: "No copies el comportamiento y las costumbres de este mundo, sino deja que Dios te transforme en una nueva persona cambiando tu forma de pensar. Entonces aprenderás a conocer la voluntad de Dios para ti, que es buena, agradable y perfecta."

Algunas traducciones llaman a este proceso la "renovación" de tu mente. Para mí, esto pone un mayor énfasis en la naturaleza continua de esta transformación. No es una acción única, sino un proceso que debemos seguir continuamente a través de prácticas regulares, como el tiempo de oración diaria en la Palabra de Dios. De la misma manera que siempre estamos cultivando el jardín de nuestro carácter y creando un espacio para que Dios trabaje, debemos cuidar constantemente nuestra mente para asegurarnos de centrar nuestros pensamientos y atención en Dios.

Como aprendemos de los estudios del Dr. Leaf sobre la transformación de nuestro cerebro, esta es la mejor manera de entrenarnos para pensar continuamente de manera diferente. Pablo apoya esta idea en el libro de Filipenses cuando dice: "Y ahora, queridos hermanos y hermanas, una última cosa. Fija tus pensamientos en lo que es verdadero, honorable, justo, puro, amable y admirable. Piensa en cosas que sean excelentes y dignas de elogio." (Filipenses 4:8, NTV).

En resumen, debemos cambiar de opinión para ver el liderazgo de maneras nuevas y novedosas. No sucederá instantáneamente, pero a través de la práctica deliberada y la confianza en el Espíritu Santo, podemos entrenarnos para ver el liderazgo como una actividad de servicio a los demás y no como una oportunidad para buscar ganancias, poder o estatus individual egoístas.

Lo bueno de este proceso es que te obliga a confiar en Dios. Si creemos que sólo Dios puede transformar los corazones, debemos someternos al poder de Dios mientras trabajamos para crear el ambiente privilegiado para que Dios actúe. Como nos recuerda Pablo en 1 Corintios 3:6, el hombre puede plantar una semilla, pero Dios es quien la hace crecer. Para recordar la ilustración del jardín del Capítulo Cinco, Dios es quien hará crecer nuestro carácter, pero debemos estar dispuestos a hacer el trabajo para crear y mantener el jardín. No podemos obligar a un árbol a producir frutos, pero podemos hacer nuestra parte para crear una situación ideal, labrando y fertilizando el suelo, por así decirlo, donde las "semillas" tengan más probabilidades de brotar y prosperar.

Elevar a otros a través del liderazgo de servicio

¿Alguna vez te has encontrado en un escenario o situación que no sentías que eras "lo suficientemente bueno" para experimentar? Quizás normalmente vuelas en clase turista, pero una vez recibiste un ascenso y te sentaste en primera clase. Tal vez lo invitaron a asistir a un evento en un prestigioso club de campo o en un restaurante exclusivo y quedó impresionado por la calidad del alojamiento. O podrías haberte alojado gratis en el Ritz Carlton de Laguna Beach con 600 dólares en ropa gratis y un concierto privado de One Republic.

Esto último fue muy específico y probablemente parezca inventado, pero en realidad sucedió. Hace unos años, mi esposa y yo tuvimos la oportunidad de ir a Laguna Beach, California. Ganamos un concurso y el premio fue absolutamente increíble. Nos alojamos en una habitación con vistas a la costa junto a un acantilado.

Cuando llegamos nos llevaron a una habitación donde pudimos elegir un par de zapatos extra y una chaqueta o chaleco ligero para nuestra estancia. Ropa de marcas como Patagonia, Lululemon y Olukai estaban disponibles para nuestra elección. Nuestras opciones por sí solas probablemente valieron más de $600. Inmediatamente nos sentimos como reyes, y el sentimiento solo se intensificó cuando nos encontramos en la celebración final cantando "Counting Stars" y "Apologize" en nuestra presentación privada.

Cuando nuestro entorno o contexto excede el valor que percibimos de nosotros mismos, algo extraño y maravilloso sucede dentro de nosotros. Nos sentimos agradecidos, privilegiados y bendecidos. Como seguidores de Jesús, constantemente tenemos oportunidades de experimentar este sentimiento. Es el aspecto definitorio de nuestras vidas. Una vez que experimentamos la gracia de Dios a través de Jesús, entramos en una nueva realidad donde cada día es un recordatorio de las cosas buenas que tenemos y que no merecemos.

Esto es especialmente relevante en nuestra conversación sobre liderazgo porque nos recuerda la oportunidad que tenemos de utilizar el liderazgo no como un símbolo de estatus o poder, sino como una herramienta que puede elevar la posición o el prestigio de los demás. Una de mis ilustraciones favoritas de este concepto está en 2 Samuel 9.[11] después de que David sucediera oficialmente a Saúl como rey de Israel. En sus primeros días como rey, David capturó la ciudad de Jerusalén para Israel. También disfrutó de victorias sobre los filisteos y devolvió el Arca de la Alianza a posesión de los israelitas.

Una vez que las cosas se calmaron, David se preguntó si algún miembro de la familia de Saúl todavía vivía porque él quería mostrarles bondad. A primera vista, el deseo de David parece un poco extraño, ya que Saúl amenazó repetidamente la vida de David. Sin embargo, David era cercano a Jonatán, el hijo de Saúl, antes de que los filisteos le quitaran la vida a Jonatán, y David también mostró compasión y misericordia a Saúl en múltiples ocasiones.

David recibió la noticia de que Saúl tenía un nieto, Mefiboset, que era hijo de Jonatán. Lo primero que aprendemos sobre Mefiboset es que estaba cojo de ambos pies (2 Samuel 9:3), lo que significa que no podía caminar. David envió a uno de sus siervos para que trajera a Mefiboset de regreso a su presencia.

Sólo puedo imaginar lo aterrorizado que pudo haber estado Mefiboset cuando escuchó que el rey quería verlo. Quizás pensó que estaba a punto de morir. Considere lo sorprendido que debe haber estado al escuchar el mensaje de David en 2 Samuel 9:7 (NTV):

---

[110]https://www.biblegateway.com/passage/?search=2+Samuel+9&version=NLT

"'¡No tengas miedo!', dijo David. 'Tengo la intención de mostrarte bondadoso por la promesa que le hice a tu padre, Jonatán. ¡Te daré todos los bienes que pertenecieron a tu abuelo Saúl y comerás aquí conmigo en la mesa del rey!'"

"Mefiboset se inclinó respetuosamente y exclamó: '¿Quién es tu siervo para que muestres tanta bondad a un perro muerto como yo?'" (2 Samuel 9:8 NTV)

La banda de rock cristiano Leeland resume esta historia desde el punto de vista de Mephibosheth en su canción "Carried to the Table" de su álbum de 2006 "The Sound of Melodies". El estribillo de la canción dice lo siguiente:

> "Me llevaron a la mesa
> Sentado donde no pertenezco
> llevado a la mesa
> Arrastrado por su amor
> Y ya no veo mi quebrantamiento
> Cuando estoy sentado a la mesa del
> Señor
> me llevan a la mesa
> La mesa del Señor"

Qué hermoso cuadro de la gracia de Dios manifestada en una situación humilde, sin mencionar una fantástica ilustración de cómo se ve usar el liderazgo de una manera que beneficia directamente a otros más allá de nosotros mismos.

En última instancia, creo que muchos de nosotros nos parecemos más a Mefiboset de lo que creemos. Recibimos una invitación a la mesa del rey y Jesús nos llevó allí a través de Su sacrificio en la cruz. Alabado sea Dios por su extraordinario regalo de salvación.

Por otro lado, probablemente podamos identificar algunos Mefiboset en nuestras vidas. ¿Qué pasa si somos llamados a ser David para esas personas? ¿Qué podría pasar si estuviéramos dispuestos a dar un paso adelante con valentía como líderes centrados en Cristo, empoderados por el Espíritu Santo y compartir la gracia y la misericordia de Dios con estas personas? ¿Qué pasaría si pudieras ser tú quien llevara a esa persona a la mesa?

El costo diario del liderazgo

Historias como la de Mefiboset son alentadoras y edificantes, y ciertamente nos brindan un ejemplo tremendo que vale la pena repetir. Sin embargo, no debemos caer en la trampa de olvidar que el liderazgo de servicio siempre tiene un costo.

En Lucas 9:23, Jesús le dice a una gran multitud que deben cargar su cruz todos los días para seguirlo. Si bien la cruz evoca emociones positivas (como la gratitud) en quienes están familiarizados con el sacrificio y la resurrección de Jesús, habría transmitido un mensaje diferente a las personas que escucharon por primera vez las palabras de Jesús. Era un símbolo de la opresión, la tortura y la muerte romanas. No era un símbolo de victoria o triunfo. Fue una manifestación física de dolor y sufrimiento en el peor nivel posible.

El liderazgo nunca es pan comido, y si vas a liderar como Cristo, definitivamente enfrentarás una buena cantidad de desafíos y obstáculos. El costo es sustancial y el dolor está garantizado. ¿Cómo responderás en tiempos de adversidad?

Preguntas de solicitud

1. ¿De qué manera su deseo de honrar a los demás impacta su liderazgo?

2. ¿Cómo puedes continuar transformando tu mente para convertirte en el líder servidor que Dios te ha llamado a ser?

3. ¿Quiénes son 1 o 2 personas o grupos a quienes podrías elevar a través de un liderazgo de servicio semejante al de Cristo?

CAPÍTULO NUEVE: NAVEGANDO DESAFÍOS Y SUPERANDO OBSTÁCULOS

Fu Darby estaba a un metro de descubrir una gran veta de oro que valdría millones de dólares. Como muchas personas, Darby extraía oro durante los años de la fiebre del oro en Estados Unidos. Originalmente encontró una gran cantidad de oro en Colorado mientras trabajaba junto a su tío, pero la veta desapareció rápidamente. Después de gastar mucho tiempo y dinero tratando de redescubrir lo que encontraron originalmente, se marcharon y Darby se convirtió en vendedor de seguros.

Vendieron su equipo a un lugareño que sintió curiosidad por el posible suministro de oro bajo tierra. Este hombre regresó al lugar donde los Darby habían estado cavando y comenzó a trabajar para descubrir el oro él mismo. No mucho después, encontró el suministro de oro que Darby y su tío estaban tan cerca de redescubrir. Terminó con el tesoro que Darby nunca tuvo.

Al final, Darby se hizo muy rico y exitoso, en parte debido al impacto de perderse el oro. Esta experiencia fue dolorosa, pero le enseñó el valor de perseverar y nunca darse por vencido. Dios nos ha creado a cada uno de nosotros con un potencial enorme, pero no tropezaremos con este potencial por accidente.

Si vamos a aceptar el llamado que Dios ha puesto en nuestras vidas, tendremos que aprender a seguir avanzando frente a los obstáculos y desafíos. No será fácil, pero como cada paso hasta ahora en The Never-Ending Pursuit (La Búsqueda Interminable), el viaje tiene tanto valor como el destino.

¿Por qué enfrentamos desafíos?

Si tuviera una respuesta convincente a esta pregunta, no habría esperado hasta el Capítulo Nueve para compartirla con usted. La gente ha estado formulando diferentes formas de esta pregunta durante miles de años. "¿Por qué le pasan cosas malas a la gente buena?" "¿Por qué existe el mal en el mundo?" Estas preguntas no son similares, pero reflejan un marco de pensamiento similar.

Esencialmente, la creencia es que si un Dios bueno creó el mundo, es difícil entender por qué existiría cualquier maldad o negatividad junto con la bondad de Dios. No soy un teólogo profesional, por lo que no intentaré responder esta pregunta en detalle. Diré que Dios no quiso que fuera así desde el principio. El pecado arruinó las cosas cuando el hombre eligió el pecado sobre Dios.

Afortunadamente, Dios proporcionó un escape de las garras del pecado mediante el sacrificio de Su Hijo. Como nos dice Pablo en 2 Corintios 5:21 (NTV), "Porque Dios hizo que Cristo, que nunca pecó, fuera la ofrenda por nuestro pecado, para que pudiéramos ser reconciliados con Dios por medio de Cristo." Todo lo que debemos hacer para recibir este regalo gratuito de la salvación es creer en Jesús.

Alabo a Dios por este increíble regalo y al mismo tiempo reconozco que esto no resuelve completamente el hecho de que todavía suceden cosas malas hoy en día. Todavía podemos tomar malas decisiones que conduzcan a resultados desastrosos. Dios no nos impone estas decisiones, pero no nos impide elegir el pecado. Estas elecciones causan la decadencia de la creación y conducen a la enfermedad.

No profundizaremos mucho aquí, pero creo que una breve explicación es importante para ayudarnos a comprender por qué llegamos aquí. Lo que puedo decirles, tanto desde mi comprensión de las Escrituras como desde mi experiencia personal, es que de situaciones malas pueden surgir cosas buenas, incluso si los eventos en sí no pueden describirse como "Buenos." Como leemos en Romanos 8:28 (NTV), "Y sabemos que Dios hace que todas las cosas cooperen para el bien de aquellos que aman a Dios y son llamados según el propósito que tiene para ellos."

Uno de mis versículos favoritos en toda la Biblia está en Romanos 5. En la Nueva Traducción Viviente (NTV), los versículos 3-5 dicen: "También podemos regocijarnos cuando nos topamos con problemas y pruebas, porque sabemos que nos ayudan desarrollemos resistencia. Y la resistencia desarrolla la fuerza del carácter, y el carácter fortalece nuestra confiada esperanza de salvación. Y esta esperanza no conducirá a la decepción. Porque sabemos cuánto nos ama Dios, porque nos ha dado el

Espíritu Santo para llenar nuestros corazones con su amor."

El libro de Santiago comienza con un mensaje similar: "Queridos hermanos y hermanas, cuando se presenten problemas de cualquier tipo, considéralo una oportunidad para gran gozo. Porque sabes que cuando tu fe es puesta a prueba, tu resistencia tiene la oportunidad de crecer. Así que déjalo crecer, porque cuando tu resistencia esté completamente desarrollada, serás perfecto y completo, sin necesitar nada" (Santiago 1:2-4, NTV). James ni siquiera comienza con una broma ni deja que su audiencia se calme antes de decirles que cambien su forma de pensar sobre las pruebas y los tiempos difíciles.

En resumen, "las pruebas son buenas porque te ayudan a desarrollar resistencia y eso es todo lo que necesitas." El pasaje de Romanos pone la guinda al conectar el desarrollo de la resistencia con el fortalecimiento de nuestro carácter (que cubrimos detalladamente en el Capítulo Cinco) y nos recuerda que Dios todavía nos ama incluso cuando pasamos por temporadas difíciles.

Esto no es un asunto menor, especialmente si se considera la narrativa dominante en el momento en que se escribió la Biblia. En la época de Jesús, la gente creía que las circunstancias de la vida estaban directamente relacionadas con el comportamiento o la virtud de una persona. Si eras rico y exitoso, tenías el favor ante los ojos de Dios. Si eras pobre, estabas oprimido o tenías una enfermedad física o mental, era señal de que tú (o tus antepasados) habías pecado. Piense en Juan 9, donde los discípulos de Jesús le preguntan a Jesús cuyo pecado llevó a un hombre a nacer ciego (ver Juan 9:2), o en todo el libro de Job, donde los amigos de Job le dicen repetidamente que sus malas circunstancias son el resultado directo de sus malas acciones.

Permítanme decir esto una vez más porque vale la pena repetirlo: Dios todavía nos ama en medio de las pruebas y desafíos. En el libro "Grace is Greater", Kyle Idelman comparte muchas historias de personas que atraviesan tragedias que no le desearía ni a mis peores enemigos. Relata personas en su vida que recibieron diagnósticos médicos que cambiaron sus vidas, perdieron niños pequeños y experimentaron otros reveses indescriptibles. Lo sorprendente es que muchas de estas personas dirían que su fe en realidad se fortaleció en estas estaciones. Cuando no tienes nada a qué aferrarte excepto la fe en Dios, tu agarre comienza a apretarse. Por supuesto, debemos mantener nuestros ojos enfocados en Dios cuando suceden cosas malas y evitar alejarnos de nuestra fe.

Ésta es la belleza de los desafíos y las pruebas. En última instancia, no sé por qué Dios permite que sucedan cosas malas. Para ser honesto, hay momentos en los que desearía que no lo hiciera. He visto un dolor tremendo en el mundo y eso me rompe el corazón. Al mismo tiempo, estoy agradecido de servir a un Dios que se acerca a su pueblo en sus momentos más oscuros. La presencia de Dios suele ser más tangible en nuestros momentos de mayor necesidad. Puede que no disfrutemos esos sentimientos de pena, incomodidad y pérdida, pero sabemos que no los atravesamos solos.

En 2016, el entrenador asistente del Oklahoma City Thunder, Monty Williams, perdió a su esposa, Ingrid, en un trágico accidente automovilístico. Ella tenía sólo 44 años y la pareja tenía cinco hijos juntos. Sufrió heridas graves después de ser golpeada de frente por un automóvil que circulaba hacia la izquierda del centro a más del doble del límite de velocidad.

Menos de diez días después, Monty se puso de pie frente a una gran multitud en la Iglesia Comunitaria Crossings en Oklahoma City para pronunciar el panegírico de su esposa. A pesar de su tremendo dolor y la cruda emoción del momento, puso su fe en una demostración poderosa para que todos la vieran. Dijo lo siguiente durante el discurso: "Esto es difícil para mi familia, pero saldrá bien. Y mi esposa me daría un puñetazo si me sentara aquí y me quejara de lo que está pasando. Eso no quita el dolor, pero saldrá bien porque Dios hace que todas las cosas salgan bien. Simplemente no puedes rendirte; No puedes ceder. "

Más tarde, Williams diría: "No olvidemos que había dos personas en esta situación y que la familia también necesita oración", dijo Williams. "Y no tenemos mala voluntad hacia esa familia. Esa familia no se despertó con ganas de hacerle daño a mi esposa. La vida es dura, es muy dura, y eso fue duro. Pero no tenemos ninguna mala voluntad hacia la familia Donaldson."

El funeral tuvo lugar un jueves por la tarde. Más tarde esa noche, el popular programa de TNT "Inside the NBA" se transmitió en su horario habitual. En lugar de adelantar el próximo partido o hablar sobre acontecimientos actuales en la liga, la conversación se centró en las palabras de Williams y en la fe. En un momento dado, el miembro del Salón de la Fama de la NBA, Charles Barkley, comentó: "No sé cómo alguien supera momentos difíciles en la vida sin fe."

Eso es simplemente hermoso. Qué testimonio tan asombroso del poder y la bondad de Dios, incluso en los peores momentos posibles.

A medida que nos apoyamos en nuestra fe a pesar de la adversidad que enfrentamos, experimentamos un desarrollo profundo y un crecimiento tremendo. Nuestros músculos no se fortalecen a menos que primero los destruyamos, y la perseverancia se desarrolla de manera similar. Pienso en la película de 2007 "Evan Almighty", una película protagonizada por Steve Carell y Morgan Freeman que imagina cómo podría desarrollarse la historia del Arca de Noé en la actualidad. En un momento, Morgan Freeman (que interpreta a Dios) le pregunta a la esposa de Evan: "Si alguien ora pidiendo paciencia, ¿crees que Dios le da paciencia? ¿O les da la oportunidad de tener paciencia? Si oró pidiendo valor, ¿Dios le da valor o le da oportunidades para ser valiente?"

Dios, en su infinita sabiduría y poder, no hizo fácil la superación personal. A menudo, la única manera de convertirnos en las personas que se supone que debemos ser es enfrentando la adversidad de frente. Noé tuvo que soportar un diluvio único en su vida. Abraham fue llamado a dejar atrás el único hogar que conoció y esperar 25 años, hasta cumplir 100 años, para tener el hijo que Dios le prometió. Moisés vagó hasta la Tierra Prometida y nunca entró. David pasó años huyendo de Saúl, quien quería matarlo. Si te encuentras en una tormenta, estás en buena compañía.

Desearía poder decirles por qué está sucediendo, pero estoy seguro de que con el enfoque correcto, podrán salir del otro lado con una fe más fuerte y una mayor resistencia. Y un día mirarás atrás y agradecerás la bondad y la riqueza que produjo la tormenta.

Piedras del recuerdo

Al igual que usted, he enfrentado muchos desafíos a lo largo de mi vida y estoy seguro de que experimentará más en el futuro. Hace aproximadamente un año tuve la oportunidad de reflexionar sobre muchos de los altibajos que he experimentado a lo largo de mi vida. Me dirigía a casa para ver a mi papá y a mi ex pastor. Planeaba tomar mi ruta normal, pero rápidamente me enteré de un retraso importante en Chicago y decidí tomar un desvío para evitar el tráfico.

No tenía idea de que estaba a punto de embarcarme en un increíble viaje de introspección y gratitud. Cuando entré en Pensilvania, comencé a viajar por muchas de las mismas carreteras por las que había conducido muchos años antes. Los recuerdos inundaron mi mente mientras conducía por la antigua casa de mi ministerio universitario, mi primer apartamento y la iglesia SonRise en Greensburg, PA, donde serví por primera vez en el ministerio junto a uno de mis primeros pastores de jóvenes, Carl y su esposa, Norma. Durante muchos años quise escapar de este lugar por todas las dificultades que sufrimos aquí. Sin embargo, cada lugar me trajo recuerdos increíbles de momentos en los que experimenté la fidelidad de Dios, incluso en medio de temporadas difíciles.

Al pensar en mi experiencia, me viene a la mente una pregunta. ¿Cómo quieres recordar este momento de tu vida? Es posible que esté en medio de una tormenta en este momento y puede que le resulte difícil imaginar cómo será la vida cuando pase la tormenta. Con el tiempo, este momento llegará y todo lo que quedará atrás serán recuerdos de lo que pasó y de cómo respondiste. No tienes control total sobre lo que sucede, pero eres responsable de elegir tu respuesta, y esto importa más de lo que crees. [12]

En 1 Samuel 6, los israelitas acababan de recibir el Arca del Pacto del cautiverio filisteo. Habían perdido el control del Arca algún tiempo antes en una batalla donde los filisteos mataron a más de 30,000 soldados israelitas (1 Samuel 4:10). Después de una extraña serie de eventos que incluyeron un ídolo filisteo que cayó de bruces ante el Arca en dos ocasiones distintas y que el Señor envió plagas sobre el pueblo filisteo poco después, los filisteos decidieron que ya no podían retener el Arca y la devolvieron al Israelitas.

Samuel y los israelitas se reunieron para conmemorar el regreso del Arca. Mientras estaban juntos, los filisteos persiguieron a los israelitas una vez más, pero Dios los confundió e Israel salió victorioso en la batalla. Estoy seguro de que esto sólo intensificó la celebración que ya estaba en marcha.

---

[12] No intento sonar como un disco rayado, pero creo que esto vuelve a ser relevante: "La vida es un 10% de lo que te sucede y un 90% de cómo respondes."

Una vez que terminó la (segunda) batalla, Samuel tomó una piedra y la colocó entre Mizpa y Jesaná. Como leemos en la segunda mitad de 1 Samuel 7:12 (NTV), "Le puso el nombre de Ebenezer (que significa 'la piedra de la ayuda'), porque dijo: '¡Hasta este punto el Señor nos ha ayudado!'" Irónicamente, Ebenezer era también el nombre del campo de batalla donde los israelitas originalmente habían perdido decenas de miles de soldados, pero debido a la provisión de Dios, el nombre ya no tenía la misma connotación negativa. Lo que alguna vez fue un recordatorio de una gran pérdida ahora era motivo de celebración, un reconocimiento del gran poder y liberación de Dios.

Te daré otro ejemplo de este concepto en acción. Cuando piensas en la cruz, ¿qué te viene a la mente? Si está familiarizado con la historia de Jesús, probablemente sienta emociones positivas cuando piense en la cruz. Obviamente te sientes sombrío al pensar en el dolor y el sacrificio de Jesús en la cruz, pero sientes una gran alegría cuando piensas en la eventual resurrección de Jesús y en el camino que Jesús allana para que experimentemos la misma vida nueva en la salvación.

En el mundo antiguo, la cruz habría transmitido un mensaje muy diferente. La cruz era un símbolo de tortura grotesca y dominio romano. Era un castigo reservado para los peores criminales, normalmente terroristas y cualquiera que amenazara el poder del régimen romano. Es exactamente este estigma lo que hace que la disposición de Jesús a sufrir la muerte en la cruz sea tan impactante y al mismo tiempo hace que la reversión de la percepción general de una cruz sea aún más poderosa.

Imagino que también tienes algunas piedras del recuerdo. Estas piedras son recordatorios de circunstancias negativas o temporadas difíciles en la vida que ahora te recuerdan la provisión y protección de Dios. Al reflexionar sobre estas "piedras", recuerdas cómo Dios te dio el poder y el apoyo que necesitabas para superar las temporadas difíciles, y recuerdas que si Dios puede hacerlo una vez, puede hacerlo otra vez. También desarrollas el coraje que necesitas para afrontar las temporadas difíciles en lugar de evitarlas.

Las tormentas que nos definen

¿Has visto alguna vez la película "The Money Pit"? Siento que he vivido la trama de esa película durante los últimos cinco años. Estoy muy agradecido de tener una casa, pero no puedo subestimar lo difícil que ha sido estar al día con todos los problemas ocultos que no nos fueron revelados durante la inspección de la casa.

Una vez tuvimos que reemplazar los enchufes viejos de la sala de estar. Al principio pensamos que el trabajo costaría unos cientos de dólares. Siete mil dólares después, sentí como si tuviera un latigazo cervical. Resulta que los antiguos propietarios habían intentado arreglar el cable principal derretido con cinta aislante. El cable se volvió quebradizo y provocó una situación de emergencia que obligó a reemplazar toda la caja del panel.

Hay algunas conclusiones importantes de esta historia. En primer lugar, si bien la cinta aislante es buena en muchas situaciones, no es una solución adecuada para un cable derretido. Más importante aún, como nos enseñó una vez Taylor Swift, las curitas no reparan los agujeros de bala.[13] No se pueden esconder cosas debajo de la alfombra y esperar que desaparezcan. Debes estar dispuesto a reconocer tus desafíos y enfrentarlos de frente si alguna vez quieres avanzar en la vida.

Mi película favorita de todos los tiempos es El *conde de Montecristo*. En la película, el Conde brinda por el cumpleaños del "hijo" de su enemigo jurado, Albert. Más adelante en la película, el Conde descubre que Albert es en realidad su hijo en un extraño giro de los acontecimientos. En serio, es genial y debes verlo si aún no lo has visto.

De todos modos, durante su brindis, el Conde dice: "La vida es una tormenta, mi joven amigo. En un momento disfrutarás de la luz del sol y al siguiente te estrellarás contra las rocas. Lo que te convierte en un hombre es lo que haces cuando esa tormenta viene. Debes mirar esa tormenta y gritar como lo hiciste en Roma. ¡Haz lo peor que puedas, porque yo haré lo mío! Entonces el destino te conocerá como te conocemos nosotros: ¡como Albert Mondego, el hombre!"

En otras palabras, las tormentas que enfrentamos en la vida son las que nos hacen quienes somos. ¿Cómo te definirán tus tormentas? ¿Cómo responderás a las

---

[13] Si no entiendes esta referencia, tenemos mala sangre. Es una broma. Me gustas, en parte porque has leído hasta aquí.

tormentas de la vida para poder salir mejor, más rápido y más fuerte del otro lado? Sigue el consejo del Conde, mira tu tormenta a la cara y dale todo lo que tienes. Puede que sientas que no tienes lo que se necesita, pero confía en Dios para llenar los vacíos y darte todo lo que necesitas para seguir avanzando ante la incertidumbre.

No es sobre ti

A estas alturas, hemos establecido que los desafíos son inevitables y, en algunos casos, beneficiosos. Al mismo tiempo, no creo que alguna vez lleguen a ser agradables.[14] Si bien no podemos esperar encontrar placer extremo o desafíos divertidos, podemos prepararnos con anticipación para disminuir la incomodidad.

Comprender que los desafíos son inevitables es un gran comienzo. También es aconsejable pensar en cómo enmarcamos ciertas experiencias como desafíos y si esa es o no la mejor perspectiva. Recuerda, siempre puedes elegir tu actitud y ajustar tus expectativas.

Piense en un niño pequeño al que le acaban de decir que no recibirá postre después de cenar. Con la perspectiva equivocada, eso parece lo peor que le podría pasar a alguien. Sin embargo, el verdadero desafío no es el evento en sí sino la interpretación del evento.

No puedes culpar a un niño pequeño por actuar de esta manera porque aún no sabe nada mejor, pero puedes pensar críticamente sobre cómo procesas las cosas que

---

[14] Quizás algún día los disfrute, pero no he crecido lo suficiente para llegar a este lugar... Todavía.

suceden en tu vida y si podrías o no pensar de manera diferente sobre lo que está sucediendo. Si eres capaz de desarrollar esta habilidad, es posible que descubras que algunos de tus "desafíos" más comunes en realidad son sólo inconvenientes menores.

Por ejemplo, hacer una larga cola en el supermercado no es un desafío. Perder para tu equipo de fútbol universitario favorito no es un desafío. Chick-fil-A eliminar la ensalada de repollo del menú no es un desafío.[15] De todos modos, es posible que no disfrutes estas experiencias, pero puedes replantearlas para que no te distraigan de objetivos más importantes.

En el centro de esta transformación mental está aceptar el hecho de que la vida no se trata de ti. Cuando no vives de manera egoísta, descubres que te preocupas menos cómo las cosas te impactan a ti y más cómo afectan a los demás. Experimentarás muchos menos de estos llamados "desafíos" sin sentido, y los obstáculos que enfrentarás serán cuestiones de mayor influencia que impactarán a más personas además de a ti.

El ingrediente que falta

Hemos hablado del valor de los desafíos. Hemos discutido cómo puedes encontrar piedras conmemorativas que te recuerden el poder de Dios sobre las mayores tormentas de la vida. Incluso hemos considerado cómo podemos replantear los desafíos para que no tengan un impacto tan grande en usted. Todavía falta un elemento que cambiará para siempre la forma

---

[15] Bien, ese es bastante real. Perdón por sacar un tema delicado.

en que abordas los desafíos, y lo he dejado intencionalmente para el final.

Preguntas de solicitud

1. ¿Qué desafíos has enfrentado en la vida que fueron profundamente formativos? ¿Cuáles son sus "piedras del recuerdo"?

2. ¿Cómo puedes aceptar los desafíos como oportunidades para crecer y desarrollarte? ¿Qué necesitarás hacer de manera diferente?

1. ¿Cuál es un desafío cotidiano al que te enfrentas y que podrías replantear para no distraerte de asuntos más importantes?

CAPÍTULO DIEZ: CONSTRUYENDO RELACIONES POSITIVAS

Durante muchas semanas, "Ted Lasso" fue el programa de streaming número uno en Apple TV. El programa fue visto durante más de 700 millones de minutos durante la última semana de abril de 2023. El programa describe con humor el viaje de Ted Lasso (interpretado por Jason Sudeikis) desde un entrenador de fútbol americano de nivel medio hasta convertirse en el entrenador de un equipo de fútbol de la Premier League inglesa.) club.

El único problema fue que Ted Lasso no sabía nada sobre el deporte que la mayoría de la gente en todo el mundo llama fútbol, y el equipo descendió durante su primer año como entrenador. En ese momento, Ted había establecido una sólida relación con sus jugadores, por lo que todavía contaba con el apoyo del vestuario. Después del último partido de la temporada, Ted se levanta para hablar con sus jugadores. Reconoce su tristeza por el resultado de la temporada, pero les recuerda algo peor que estar triste: estar solo. Luego asegura a cada jugador que ninguno de ellos está solo.

Es cierto que nuestro enfoque a lo largo de la mayor parte de este libro ha sido en gran medida individual. Puedes determinar tu propósito, elegir tus valores, establecer metas y desarrollar tu carácter principalmente por tu cuenta. Claro, hay algunos elementos del liderazgo que involucran a otras personas, pero la balanza aún se inclina en gran medida hacia el lado de una búsqueda individual (y no comunitaria). Todo esto está a punto de cambiar porque no podemos subestimar el impacto de las relaciones sólidas en prácticamente todo lo que hacemos.

El poder de la comunidad

La cadencia de la historia de la creación en Génesis 1-2 es asombrosamente hermosa. Dios crea el mundo hablando para que las cosas existan. Cada vez que Dios crea, Dios llama a Su creación "buena". El proceso se repite varias veces hasta que llegamos a un giro extraño en la historia. De repente, algo "no está bien".

Si estás familiarizado con la historia, ya sabes a qué me refiero. Dios establece la luz y las tinieblas, distingue el cielo de la tierra y separa el agua de la tierra seca en la Tierra. Él llena el cielo con planetas y estrellas, llena el mundo con plantas y animales, y culmina la creación creando un hombre a su semejanza. El mundo es hermoso, con una pequeña excepción: "Entonces dijo el Señor Dios, 'No es bueno que el hombre esté solo. Le haré una ayuda adecuada para él.'" (Génesis 2:18, NTV)

En su forma más temprana, el mundo era bueno. Lo único que le faltaba eran las relaciones. Dios no creó al hombre para que existiera aislado. Dios creó a las personas para vivir con y para los demás.

Este concepto es especialmente relevante en muchas partes del mundo fuera de Estados Unidos. Vivo en los Estados Unidos de América y probablemente muchos de ustedes también. Los estadounidenses tienden a ser muy individualizados como producto de la cultura en la que vivimos. Algunos países del mundo son similares, pero muchos no lo son. De hecho, si viajas a ciertas partes de África, Asia, América Central y otras partes del mundo, encontrarás que muchas personas tienen un sentido muy comunitario de su identidad. No se los define como una persona individual. Se entienden a sí mismos en gran medida a la luz de su familia, aldea o ciudad.

Independientemente de en qué parte del mundo vivas, no puedo exagerar la importancia de la comunidad y las relaciones. Se podrían escribir varios libros sobre el papel de las relaciones en nuestras vidas, y casi siento que no estoy haciendo ningún favor al intentar condensar una conversación completa sobre las relaciones en un solo capítulo. Sin embargo, cuando pienso en el impacto de las relaciones en nuestras vidas, inmediatamente me vienen a la mente tres cosas:

- Las relaciones nos brindan una oportunidad práctica de compartir el amor que recibimos de Dios.
- Las relaciones proporcionan una alegría tremenda.
- Las relaciones deberían hacernos mejores.

Profundicemos en cada uno de estos beneficios teniendo en cuenta Proverbios 27:17 (NTV): "Como el hierro se afila con el hierro, así el amigo se afila al amigo."

"Amamos porque Cristo nos amó primero"

La noche antes de que Jesús fuera a la cruz, pronuncia un discurso ante sus discípulos al que muchos eruditos se refieren como el "Discurso de despedida". Él comparte estas palabras con Sus discípulos cuando se reúnen para la cena de Pascua y después de que Él mismo lava los pies de cada discípulo. Al principio de este discurso, Jesús plantea un desafío a sus discípulos. Él dice, "Por eso ahora os doy un mandamiento nuevo: que os améis unos a otros. Así como yo os he amado, vosotros debéis amaros unos a otros." (Juan 13:34, NTV). Posteriormente, Juan refuerza esta idea en 1 Juan, diciendo: "Nos amamos unos a otros porque él nos amó primero" (1 Juan 4:19, NTV).

Jesús quiere que sus discípulos compartan el amor que les ha dado con personas de todo el mundo, sabiendo que esta es la única manera de deshacer el daño del pecado y el mal en el mundo. Él entiende que a medida que experimentamos el amor poderoso y transformador de nuestro Creador, reflejar este amor al mundo que nos rodea es la única respuesta natural.

En cierto modo, el amor es difícil de definir. La impresión inicial de mucha gente es que el amor es un sentimiento. Cory Matthews no ayudó a este malentendido cuando describió sus sentimientos por Topanga en un episodio de "Boy Meets World" diciendo que sabía que la amaba porque "se sentía mejor cuando estaba cerca de ella". Si bien esto suele ser un subproducto del amor, tampoco es la génesis del amor.

Debemos rechazar la idea de que el amor es principalmente un sentimiento y abrazar la comprensión del amor como una decisión y un compromiso. Si priorizamos el sentimiento de amor en lugar de la decisión de actuar con amor, será demasiado fácil rendirnos cuando esos sentimientos sean difíciles de percibir. Estamos programados para servirnos y sostenernos a nosotros mismos, pero el amor a menudo requiere que nos vaciemos en beneficio de los demás. Con Jesús como ejemplo y como quien primero nos amó de esta manera al entregarse en la cruz, asumimos el desafío de compartir el amor incluso cuando es difícil.

Trabajamos duro para plasmar este modelo de amor en nuestro restaurante. En nuestro Chick-fil-A en West Des Moines, hacemos varias promesas a todos los miembros de nuestro equipo cuando se incorporan. Les recordamos que no tenemos todas las respuestas a cada problema, pero nos comprometemos a responder de cierta manera cuando los miembros del equipo experimentan pruebas de diferentes tipos. Creo que este marco es fundamental para desarrollar relaciones sólidas con cada uno de nuestros valiosos empleados.

Primero, invertimos en cada miembro del equipo. Brindamos desarrollo individualizado con líderes y capacitación continua en sesiones grupales. Estas lecciones no solo benefician a nuestros empleados durante el tiempo que trabajan en nuestro restaurante, sino que se traducen en habilidades para la vida que son útiles en cualquier campo. Nos preocupamos profundamente por ayudar a nuestros empleados a alcanzar sus objetivos personales y esta es una forma de poner este valor en acción.

A continuación, nos comprometemos a escuchar. Incluso cuando no tenemos respuestas o consejos específicos, siempre podemos escuchar lo que otras personas tienen que decir. No importa lo difícil que sea la vida, siempre estaremos junto a cada uno de los miembros de nuestro equipo con la promesa de ayudarlos a llevar las cargas que deben levantar hasta que puedan ver la luz al final del túnel. Además, escuchamos atentamente los comentarios para asegurarnos de cumplir con las expectativas de los empleados e incluso compensamos a los empleados que aportan grandes ideas.

Por último, siempre cuidamos de nuestro equipo. Ofrecemos enormes beneficios y recompensamos a los empleados desde el principio y con frecuencia por su arduo trabajo. Otorgamos recompensas periódicas a los empleados a través de nuestro sistema "Cluck Buck" y les permitimos "subir de nivel" antes de sus revisiones periódicas si se desempeñan consistentemente por encima de las expectativas. Queremos que los empleados se desarrollen y siempre estamos buscando formas de honrar y celebrar a los empleados que van más allá.

Creemos en llevar a cabo estos principios independientemente de la raza, cultura, fe, educación, origen étnico o clase socioeconómica de una persona. Estos no son los factores que le dan a una persona un sentido de valor. Es cierto que estas cosas ayudan a construir identidad y carácter. Sin embargo, cada persona tiene valor simplemente porque fue creada por Dios y a imagen de Dios. A esto se referían nuestros padres fundadores cuando escribieron en la Declaración de Independencia: "Consideramos que estas verdades son evidentes por sí mismas: que todos los hombres son creados iguales, que su Creador los dota de ciertos derechos inalienables." Creemos que nadie debería tener que vivir con incertidumbre sobre el futuro porque Dios tiene un plan para lo que está por venir y nosotros haremos nuestra parte para que esos planes se hagan realidad.

Cuando demostramos amor de esta manera, fomentamos ambientes que reflejan el segundo principio importante de las relaciones: las relaciones brindan una alegría tremenda.

La vida es mejor juntos

Como mucha gente, pasé la primera parte de mi vida creyendo que podía hacerlo todo por mi cuenta. La mayoría de las veces, este enfoque me dejaba agotado y frustrado. Simplemente había demasiados incendios que apagar, demasiadas bolas que mantener en el aire y demasiados platos que seguir girando al mismo tiempo.

Estaba constantemente irritado. Me aislaba de los demás y, por frustración, gritaba a mi esposa y a mis hijos. Llegué a un punto en el que no pude soportarlo más y decidí que algo tenía que ceder. Como una vez escuché decir a un pastor: "Nunca pasarás de 'aquí' a 'allí' hasta que 'aquí' se vuelva completamente inaceptable."

Comencé abriéndome a mi esposa sobre lo que estaba sintiendo y pidiendo en oración. Luego, busqué consejo de uno de mis pastores. Comencé a ver que necesitaba contar con el apoyo de aquellos a quienes había contratado. Estaban dispuestos a ayudarme a llevar la carga, pero tuve que permitírselo. Puede que mis propias fuerzas sean limitadas, pero cuando tenía a otros trabajando a mi lado, era capaz de hacer mucho más.

Durante esta temporada, tuve una epifanía increíble al leer "El Poder del Otro" del Dr. Henry Cloud. En su libro, el Dr. Cloud dice: "Las personas que intentan alcanzar metas tienen un éxito mucho mayor si están conectadas a un sólido sistema de apoyo humano." También explica cómo los Navy Seals pueden esforzarse mucho más allá de las limitaciones físicas típicas porque trabajan junto a otros. Cuando aprovechan "El Poder del Otro", encuentran una fuente más profunda de fortaleza para alcanzar nuevas alturas.

A primera vista, parece casi sobrenatural. Cuando miramos a través del lente de la fe, comenzamos a reconocer lo que realmente está sucediendo. Como dice el Maestro en Eclesiastés 4:12 (NTV), "Una persona que está sola puede ser atacada y derrotada, pero dos pueden estar espalda con espalda y vencer. Tres son aún mejores, porque un cordón de triple trenzado no se rompe fácilmente."

La vida se vive mejor con otras personas por varias razones. En primer lugar, hay una sensación de alegría que proviene de nuestras relaciones más importantes y que nada más de este lado del Cielo puede igualar. Obviamente, esto comienza con nuestra relación con

Dios, pero continúa en nuestras relaciones familiares y amistades clave. Pocas cosas me alegran más que las citas nocturnas con mi esposa (probablemente no les sorprenda saber que una pareja que posee varios restaurantes es 100% amante de la comida), los viajes a la playa con mi familia (incluso bajo la lluvia torrencial) y mantener conexiones durante Varias décadas con amigos que me han visto en mis mejores y peores momentos, pero eligen amarme y apoyarme de todos modos.

Además, nuestras relaciones son una fuente de combustible que puede llevarnos a nuevas alturas cuando nos rodeamos de personas que tienen valores y carácter sólidos. Estas son las personas que nos alientan, nos desafían y sacan lo mejor de nosotros. No siempre me he rodeado de este tipo de personas, pero una vez que reconocí lo importante que era, nunca miré hacia atrás.

"Muéstrame a tus amigos y te mostraré tu futuro."

Al principio de mi vida, pasé mucho tiempo con la gente equivocada. No pasó mucho tiempo antes de que sus acciones y creencias comenzaran a influir en mis propios comportamientos. No los culpo porque no me dijeron qué hacer. Sin embargo, ciertamente no ayudó que todos quisiéramos hacer las cosas equivocadas. En ningún momento nadie se detuvo a cuestionar nuestras decisiones o sugerir una mejor manera.

Más tarde, comencé a asistir a la iglesia nuevamente y a pasar más tiempo con mi grupo de jóvenes. Comencé a hacer nuevos amigos que tenían valores diferentes y querían verme vivir la mejor vida posible según el plan de Dios. Aunque estaba perdiendo a algunos de mis viejos "amigos", ahora estaba en un círculo de amigos mucho más saludable y eso marcó una gran diferencia en la forma en que vivía mi vida.

La vida es ciertamente mejor con los demás, pero sólo cuando ponemos a nuestro alrededor a las personas adecuadas que puedan producir este tipo de efecto en nuestras vidas. Jim Rohn dijo una vez que cada persona es el promedio de las cinco personas con las que pasa más tiempo. De manera similar, se citó a Dan Peña diciendo: "Muéstrame a tus amigos y te mostraré tu futuro." La premisa de ambas afirmaciones es la misma: nuestras relaciones más cercanas juegan un papel fundamental en la configuración de quiénes somos, tanto en el presente como en el futuro.

Por eso los niños suelen adoptar la personalidad y las tendencias de sus padres. Es por eso que puede notar que habla como sus amigos o que poco a poco se parece más a su cónyuge a medida que pasan más años juntos. El término psicológico es "influencia social" y se refiere a la fuerza invisible que nos lleva a pensar, hablar o actuar de cierta manera para encajar en un grupo. Si no somos conscientes de que esta fuerza existe, puede ser peligrosa. Por otro lado, si reconocemos lo que está sucediendo, podemos elegir cuidadosamente a nuestros amigos y compañeros según el tipo de vida que finalmente queremos vivir.

En resumen, debemos pensar en el papel que desempeñan otras personas en nuestro camino hacia la fidelidad para toda la vida y el impacto final. ¿Nos rodeamos de personas que tienen valores y objetivos similares a los nuestros? ¿Nos están apoyando en nuestro viaje? ¿Nos están desafiando a ser las mejores versiones de nosotros mismos y al mismo tiempo nos ayudan a descubrir el potencial dentro de nosotros que tal vez ni siquiera veamos todavía?

¿Cómo sabemos cuándo es el momento de terminar una relación?

Si sigues los principios de este capítulo, experimentarás la belleza de las relaciones plenas y vivificantes. Sin embargo, las relaciones son un esfuerzo conjunto y puede haber ocasiones en las que alguien más no esté dispuesto a hacer su parte. Si una persona en tu vida no te acerca a Cristo ni apoya tu transformación y crecimiento continuos, puede ser mejor que no inviertas mucho tiempo y energía en esa relación.

Henry Cloud analiza detalladamente este concepto en otro de sus libros, "Necessary Endings" {Finales Necesarios}. Cloud escribe: "Sin la capacidad de poner fin a las cosas, las personas permanecen estancadas, sin llegar a ser quienes deben ser, sin lograr nunca todo lo que sus talentos y habilidades deberían brindarles." Para decirlo sin rodeos, si te preocupas por alcanzar tu potencial y convertirte en la persona que Dios te ha llamado a ser, necesitarás aprender a cerrar algunas puertas, dejar algunos malos hábitos y, sí, terminar algunas relaciones.

Si realmente eres el promedio de las cinco personas con las que pasas más tiempo, querrás que tus relaciones clave sean con personas que no sólo te den alegría sino que también te hagan mejor. Por supuesto, si descubres que alguien te está animando a hacer cosas pecaminosas o inmorales, es fácil saber cuándo es el momento de eliminar a esa persona. Puedes alejarte de las personas sin ser grosero ni degradarlas. Hay una diferencia entre ser asertivo y agresivo.

Parte de ser asertivo es aclarar sus necesidades y valores y explicar cómo influyen en cualquier decisión que esté tomando. Digamos que tienes un amigo que siempre quiere reunirse y criticar a los demás. Sabes que las Escrituras hablan en contra de los chismes y quieres eliminar tantos chismes de tu vida como sea posible. Le dices a tu amigo que prefieres no chismear sobre los demás en tus conversaciones y que no participarás en este tipo de conversaciones.

Al hacer esto, no estás desafiando su carácter ni degradando su personalidad. Simplemente estás estableciendo un límite personal. Brene Brown describe el establecimiento de límites como un proceso de establecer lo que es aceptable e inaceptable. Por ejemplo, "Está bien que pasemos tiempo juntos y hablemos sobre lo que sucede en nuestras vidas. No está bien que hablemos mal de la gente a sus espaldas."

Una vez que establezca límites claros y dé a conocer sus preferencias y valores, habrá hecho su parte. Desafortunadamente, no puedes controlar cómo responde la otra persona. Su reacción puede dictar el futuro de la relación. Si aceptan lo que tienes que decir y respetan tus límites, la relación podría continuar de alguna manera. Por otro lado, si continúa siguiendo la línea o te pone en situaciones en las que no te sientes cómodo, podría ser una señal de que es hora de que la relación termine.

Esto no se debe a que las relaciones deban ser egoístas, sino a que, como aprendemos de 1 Corintios, "las malas compañías corrompen el buen carácter" (1 Corintios 15:33, NTV). En última instancia, el objetivo de nuestras relaciones es brindarnos oportunidades para expresar el amor de Cristo y ser animados y desafiados a hacer crecer nuestra fe. Si participamos en relaciones que no cumplen con ambos objetivos, son pesos muertos que impiden nuestra búsqueda interminable y nuestro potencial.

La verdadera grandeza es la coherencia

Hemos recorrido un largo camino desde que comenzamos nuestro viaje. Hemos cubierto temas importantes como descubrir su propósito, definir sus valores y establecer metas convincentes para el futuro. Hemos hablado de desarrollar el carácter, cultivar un liderazgo fuerte y abordar los desafíos y obstáculos con fe y una mentalidad de crecimiento. Si puede comprometerse a hacer estas cosas de manera constante y a un alto nivel, prosperará en la vida y dejará un impacto positivo duradero.

No uso la palabra "consistencia" a la ligera. Sin coherencia, eres una maravilla de un solo éxito. La constancia es lo que convierte un sprint en un maratón. No quiero que corras algunas vueltas y termines el día.

Quiero que estés completamente equipado para el largo plazo. Quiero que tengas la misma experiencia que Pablo describe cuando dice: "He peleado la buena batalla, he terminado la carrera y he permanecido fiel. Y ahora me espera el premio: la corona de justicia, que el Señor, Juez justo, me dará el día de su regreso. Y el premio no es sólo para mí sino para todos los que esperan ansiosamente su aparición." (2 Timoteo 4:7-8, NTV). En palabras de James Clear, "La verdadera grandeza es la coherencia."

Por eso, antes de concluir este libro, quiero asegurarme de que usted tiene todas las herramientas que necesita para sostener el crecimiento y el desarrollo que le hemos mostrado hasta este momento. Quiero que aprendas lo que significa "permanecer" en el próximo capítulo. Quiero que veas cómo es seguir este camino, no sólo durante unos días o semanas, sino durante años.

Preguntas de solicitud

1. ¿Qué tareas u obligaciones estás tratando de realizar solo y que podrían ser más fáciles si las compartieras con otros?

2. ¿Qué relaciones tienen el mayor impacto en tu vida? ¿Qué diferencia hacen esas relaciones y cómo podría beneficiarse usted al invertir más tiempo en ellas?

3. Piensa en tu futuro ideal. ¿Qué tipo de relaciones necesitas tener para llegar a donde quieres ir?

CAPÍTULO ONCE:
SOSTENER EL CRECIMIENTO
Y LA TRANSFORMACIÓN

Probablemente hayas escuchado el dicho: "Lento y constante se gana la carrera." No estoy del todo seguro de dónde viene, pero sí que la antigua fábula de la tortuga y la liebre tiene algo que ver con ello.

Si ha pasado un tiempo desde que leíste la historia completa o si solo la escuchaste de pasada, te explicaré brevemente lo que sucede. El cuento popular comienza con el conejo desafiando a la tortuga. La liebre le pregunta burlonamente a la tortuga: "¿Alguna vez llegas a alguna parte?" La tortuga responde con seguridad: "Sí, y llego más rápido de lo que crees. Hagamos una carrera y lo demostraré."

La carrera comienza con la liebre a toda velocidad delante de la tortuga. Una vez que la tortuga se pierde de vista, la liebre decide humillarla aún más tumbandose junto al campo para tomar una siesta. La tortuga siguió moviéndose, lenta pero constantemente, hasta que pasó junto a la liebre en el camino. La liebre siguió durmiendo mientras la tortuga se acercaba a la meta. Finalmente, la liebre se despertó, pero ya era demasiado tarde. Incluso con un resorte a toda velocidad, todavía no pudo recuperar suficiente terreno antes de que la tortuga terminara la carrera delante de él.

Nos gusta esta historia porque nos hace sentir que todo es posible. *No tengo que ser un conejo para ganar la carrera. ¡Puedo correr al ritmo de una tortuga y aun así llegar primero!* Si bien esto es una gran conclusión, también existe un desafío inherente que debemos tener en cuenta. Así como la tortuga nunca dejó de moverse en pos de la línea de meta, nosotros también debemos continuar progresando consistentemente en nuestra propia búsqueda. Puedes ganar una carrera de 100 metros con un resorte, pero nunca completarás un ultramaratón si no sabes cómo controlar tu ritmo y seguir ganando tracción incluso cuando te canses.

Si vamos a seguir avanzando en nuestra búsqueda interminable sin derrumbarnos ni rendirnos, tendremos que aprender a planificar cuidadosamente nuestros pasos, encontrar oportunidades para descansar y rejuvenecer y desarrollar perseverancia a lo largo del camino. Debemos saber estar presentes y seguir presionando incluso cuando no tenemos ganas. Debemos seguir el ejemplo de Jesús al tomar nuestra cruz diariamente.

Tomando tu cruz

Hay un momento en la vida de Jesús donde la narrativa dominante comienza a cambiar. Desde el momento en que Jesús comenzó Su ministerio, la gente pudo sentir que algo era diferente en Él. No era un profeta más, sino a guien que hablaba con una autoridad palpable (ver

Marcos 1:27). Atrajo a grandes multitudes, sanó a los enfermos, expulsó demonios, alimentó a las multitudes y cautivó al público. La gente estaba intrigada por Jesús y la pregunta que no podían dejar de hacerse era: ¿Quién es exactamente este hombre?

Jesús sabe lo que pensaba la gente y elige abordar el tema a solas con sus discípulos. Como leemos en Marcos 8:27-28 (NTV), "Jesús y sus discípulos salieron de Galilea y subieron a las aldeas cercanas a Cesarea de Filipo. Mientras caminaban, les preguntó: '¿Quién dice la gente que soy yo?' 'Bueno', respondieron, 'unos dicen que Juan el Bautista, otros dicen que Elías y otros dicen que tú eres uno de los otros profetas.'"

Nota rápida: no debería sorprendernos que la gente comúnmente se identifique con Jesús con alguien prominente de su pasado. Cuando nuestro cerebro no puede comprender algo nuevo y diferente, intentamos darle sentido comparándolo con algo familiar. Es una respuesta natural, incluso si es inexacta en esta circunstancia particular.

Jesús puede sentir que hay más cosas que los discípulos no dicen y sabe que aún no se ha compartido la respuesta correcta. Entonces investiga un poco más profundamente y dice: "¿Pero quién dices que soy?" (Marcos 8:29) Es interesante que la reacción inicial de los discípulos fue responder en nombre de otra persona y no compartir sus propios pensamientos, pero siempre podemos confiar en que Pedro actuará por impulso (para bien o para mal). Pedro respondió: "Tú eres el Mesías."

Debemos reconocer que interpretamos la palabra "Mesías" de manera muy diferente a como lo habrían hecho los discípulos. Para nosotros, no podemos separar nuestra comprensión del Mesías de Jesús. Si creciste en la Iglesia, esto ha estado arraigado en tu cabeza desde el momento en que bebías ponche de frutas y comías peces de colores mientras observabas a tu maestro de la EBV colocar caracteres en un franelógrafo (o, si naciste después del año 1990, mientras veías Veggie Tales).

Para los israelitas que vivieron durante el período en que Jesús caminó sobre la Tierra, la palabra "Mesías" tenía un trasfondo político mucho más fuerte. Para Pedro, Andrés, Santiago, Juan y el resto de los discípulos de Jesús, el Mesías era el "Ungido" que restauraría el reino de Israel y libraría a la nación del cautiverio romano. La llegada del Mesías significa el establecimiento de un nuevo reino como ningún otro que el mundo haya visto jamás.

En última instancia, esto es exactamente lo que sucede, pero ciertamente no de la manera que los discípulos esperaban. Jesús no sería rey sin antes llevar una cruz y una corona de espinas. Él sabe lo que les espera en este momento, pero Sus discípulos no, y probablemente por eso su respuesta a la declaración de Pedro es tan impactante:

> "Pero Jesús les advirtió que no le contaran a nadie acerca de él.
>
> Entonces Jesús comenzó a decirles que el Hijo del Hombre debía sufrir muchas cosas terribles y ser rechazado por los ancianos, los principales

sacerdotes y los maestros de la ley religiosa. Lo matarían, pero tres días después resucitaría de entre los muertos.

Mientras hablaba abiertamente de esto con sus discípulos, Pedro lo llevó aparte y comenzó a reprenderlo por decir tales cosas.

Jesús se volvió y miró a sus discípulos, luego reprendió a Pedro. '¡Aléjate de mí, Satanás!', dijo. 'Estás viendo las cosas simplemente desde un punto de vista humano, no desde el de Dios.'

Luego, llamando a la multitud a unirse a sus discípulos, dijo: 'Si alguno de vosotros quiere seguirme, deje su camino, tome su cruz y sígame.'"

Marcos 8:30-34, NTV

Habla de un giro de la trama. Los discípulos pensaron que Jesús estaba en un camino de sentido único hacia el éxito, el poder, la riqueza y la influencia, y que ellos iban a acompañarlo en el viaje. En cambio, Jesús da un giro brusco que nadie esperaba al reunir dos conceptos que nadie en sus sueños más locos habría relacionado de antemano: gloria y sufrimiento.

Para Jesús, ser el Mesías no se trataba de una corona sino de una cruz. De hecho, Jesús resistió intentos anteriores de hombres que querían hacerlo rey por la fuerza (ver Juan 6:14-15). Sus objetivos eran muy diferentes y mucho más grandes que establecer un nuevo reino terrenal.

Las implicaciones de la renovada comprensión de Jesús sobre el honor y la gloria se extienden también a los seguidores de Jesús. Jesús no está interesado sólo en una búsqueda individual: quiere comenzar un nuevo movimiento. Por eso, después de reprender a Pedro por sugerir un enfoque diferente, destaca la importancia del sacrificio y la entrega constantes a sus discípulos. El llamado de Jesús a nuestras vidas requiere que nos neguemos a nosotros mismos, tomemos nuestra cruz y sigamos el camino que Jesús recorrió antes que nosotros. Me gustan los detalles adicionales que Lucas agrega a esta historia, incluida la palabra "diariamente" cuando comparte el mandato de Jesús de tomar nuestra cruz (ver Lucas 9:23).

Al considerar cómo es llevar una vida basada en la bondad, la rectitud y el crecimiento continuo, no podemos ignorar la tremenda responsabilidad de coherencia que Jesús nos llama a encarnar. No podemos correr la carrera como la liebre, que corre un rato antes de detenerse a dormir una siesta junto a la carretera.

En cambio, tenemos que correr como la tortuga. Puede que no siempre viajemos a velocidades vertiginosas, pero estamos comprometidos a lograr avances graduales y no detenernos nunca. Encarnamos lo que Pablo escribe en Gálatas 6:9 (NTV) cuando dice: "Así que no nos cansemos de hacer el bien. En el momento justo cosecharemos bendiciones si no nos damos por vencidos."

También debemos recordar que este llamado no siempre será fácil de cumplir. Si Jesús experimentó un gran sufrimiento en Su vida, es una tontería que nosotros, como sus seguidores, creamos que experimentaremos algo diferente. Sin embargo, encontramos gran esperanza y promesa en nuestro llamado que nos da energía para persistir a pesar de estos reveses y angustias. Como Jesús les dice a sus discípulos en Juan 16:33 (NTV), "Aquí en la tierra tendréis muchas pruebas y dolores. Pero confiad, porque yo he vencido al mundo."

Este estímulo llega al final del Discurso de despedida de Jesús, que analizamos en el último capítulo. Hay otra pepita en ese discurso que no puedo ignorar cuando pienso en lo que significa buscar continuamente el crecimiento y el desarrollo en Cristo. Significa tanto para mí que dediqué cientos de horas y miles de dólares junto a algunos amigos cercanos para crear un programa que ayudaría a las personas a comprender y aplicar esta enseñanza clave.

El impacto de "permanecer"

Pocos (si es que alguno) hombres han tenido un impacto tan significativo en mí como mi amigo y ex pastor, Shawn Lyons. Admiro cómo el pastor Shawn ha superado los desafíos a lo largo de su vida mientras seguía el llamado de Dios. Shawn luchó con varios desafíos físicos (además de una discapacidad de aprendizaje) durante su infancia. Sin embargo, todo cambió cuando el pastor Shawn escuchó la verdad sobre Jesús a los 12 años y sintió el llamado a predicar la palabra de Dios. El pastor Shawn ha pasado los últimos 37 años ministrando en diferentes iglesias y compartiendo con valentía el impacto de Jesús en su vida.

Recuerdo la primera vez que escuché al pastor Shawn hablar sobre el "Abide Factor" (factor permanecer), basado en las palabras de Jesús a sus discípulos en Juan 15. Este poderoso concepto me llamó la atención de inmediato. La palabra "permanecer" significa morar, estar presente o permanecer. Permanecer en Cristo requiere dejar atrás el pasado y centrarse en nuestro futuro crecimiento y transformación en Cristo. La vida no siempre es fácil ni predecible, pero si podemos desarrollar una mayor comprensión de lo que significa permanecer en Cristo, encontraremos todas las herramientas que necesitamos para vivir nuestra fe y mantenernos firmes sin importar lo que nos suceda.

Comencé a pasar tiempo con el pastor Shawn y Nate, su yerno, para discutir más a fondo el concepto de permanencia. Estas conversaciones llevaron al desarrollo de "El factor permanecer: un enfoque bíblico para vivir una vida abundante y dar fruto en Cristo", que se puede comprar en línea o en cualquier lugar donde se vendan libros. También creamos un programa de tutoría para ayudar a las personas a liberarse de sus luchas y aprender cómo llevar una vida basada en las enseñanzas de Jesús. Puedes aprender más en **provenresultsmentors. com.**

En *El factor de permanencia* En este libro, el pastor Shawn profundiza mucho más en los detalles de lo que significa "permanecer", pero aquí hay una breve descripción general:

- **Cumplir.** Permanecer en Jesús requiere que nos quedemos cuando sería más fácil alejarnos. Quizás no sepamos qué desafíos tenemos por delante, pero elegimos vivir nuestra fe a pesar de los obstáculos que enfrentamos.

- **Bendecir.** Bendecimos a Dios a través de la adoración, el servicio y el tiempo dedicado regularmente a la oración y la Palabra.
- **Inclinación.** A medida que priorizas tu fe y permites que Dios transforme tu corazón y tu mente, comienzas a ver el mundo desde una nueva perspectiva y descubres que tus pensamientos y acciones se parecen más a lo que Jesús haría.
- **Habitar.** Habitar en la presencia de Dios significa mantener una conciencia constante del papel que Dios desempeña en tu vida. Dios es la fuente suprema de protección, ayuda y guía, tanto en las buenas como en las malas.
- **Todo.** Debido a que nuestra fe es nuestra identidad general, debemos estar dispuestos a entregarle todo a Jesús y buscar primero Su reino (ver Mateo 6:33).

Si bien no siempre es fácil vivir de esta manera, es lo que Jesús nos llama a perseguir y tiene el poder de transformar nuestras mentes y espíritus por completo, pero sólo si nos comprometemos a respetarlo de manera regular. Estos principios no funcionan si sólo los retomamos de vez en cuando. Hay que practicarlos, perfeccionarlos y, en última instancia, convertirlos en habituales.

El valor de aguantar

A medida que desarrolles una mentalidad de "tortuga" y aprendas a permanecer en Jesús y a tomar tu cruz diariamente, te fortalecerás con el tiempo y te resultará más fácil continuar en tu búsqueda. Al mismo tiempo, no estás en un viaje en solitario. Tu misión también involucra a otras personas. Recuerda lo que aprendiste en el Capítulo Diez: la vida es mejor cuando vivimos con otras personas. Al mismo tiempo, los conflictos interpersonales pueden desviarnos del rumbo y descarrilar nuestra búsqueda cuando no sabemos cómo relacionarnos adecuadamente con las personas en medio de desacuerdos o tensiones.

Independientemente de dónde viva y trabaje, enfrentará conflictos con otras personas. Esto ni siquiera es malo. Cuando se aborda adecuadamente, el conflicto puede ser una tremenda oportunidad de crecimiento. Lo que hace que el conflicto sea peligroso no es su existencia, sino nuestra tendencia a evitarlo o abordarlo con una actitud inadecuada. Demasiadas personas están más interesadas en atacar a la persona que está causando el conflicto que en intentar resolver el problema en cuestión. Esto es tan peligroso (si no más dañino) que ignorar el conflicto o huir.

Cuando era más joven, trabajé en un centro para delincuentes juveniles en los Montes Apalaches. Este programa fue diseñado para ayudar a los jóvenes con problemas a lidiar con sus problemas a través de un enfoque experimental al aire libre. Sentí que era tan desafiante para mí como lo fue para cualquier otra persona allí. Si los estudiantes no te atacaban física o emocionalmente, estabas agotado por el trabajo físico diario.

Tenía muchas ganas de dejarlo. Se me exigía que estuviera allí siete días de cada dos semanas y extrañaba mi vida normal en casa. Todos los días me despertaba y quería irme. Sin embargo, por primera vez en mi vida, decidí no huir de la lucha. Trabajé en el programa durante casi cuatro años. Mentiría si les dijera que alguna vez quise volver y hacerlo de nuevo, pero también considero este período como uno de los más influyentes y gratificantes de toda mi vida. Aprendí el valor de no descartar ni ignorar a las personas difíciles y adquirí experiencia práctica en amar y trabajar con los demás a pesar de nuestras diferencias.

Esta temporada de mi vida me enseñó el valor de aguantar una situación difícil, incluso cuando no parecía algo que quisiera hacer. Si vas a buscar un crecimiento y una transformación sostenibles, la capacidad de quedarte con algo que no te gusta será invaluable. Es la única manera en la que puede esperar dar pasos significativos hacia la excelencia.

Excelencia como único estándar

Me encanta la forma en que Truett Cathy hablaba de la excelencia como el estándar más alto posible. Solía decir: "El éxito es un acuerdo temporal, pero la excelencia perdura cuando el éxito continúa". En otras palabras, cuando podemos definir cómo se ve la excelencia en nuestras vidas y ver dónde estamos en relación con el estándar, podemos identificar la brecha entre dónde estamos y dónde queremos estar. A partir de ahí, podemos establecer campamentos base o hitos a lo largo del camino que nos ayuden a seguir nuestro progreso y mantenernos encaminados hacia el logro de nuestras metas.

Hablando de metas, aquí hay otra de mis citas favoritas de Truett Cathy: "Ninguna meta es demasiado alta si escalamos con cuidado y confianza". La excelencia no puede lograrse de la noche a la mañana, pero si te comprometes con el crecimiento y la perseverancia a largo plazo, ninguna meta es demasiado alta.

En otras palabras, la idea de seguir persiguiendo a partir de este momento puede resultar abrumadora, pero estará motivado para seguir avanzando cuando tenga una meta a la vista. Nunca alcanzarás la perfección y yo tampoco, al menos no en esta vida. Jesús es el único que podría alcanzar este estándar en la Tierra. Sin embargo, cuando hacemos de la excelencia nuestro objetivo, estaremos dispuestos a hacer el arduo trabajo de superación personal y siempre buscaremos hacer más y ser más de lo que somos hoy.

El impacto de esta búsqueda no sólo nos beneficiará a nosotros. También tendrá un efecto en nuestras familias, nuestros lugares de trabajo, nuestras iglesias, nuestras comunidades y, potencialmente, en el mundo en su conjunto. Sinceramente, de eso se trata todo este libro. No solo estoy interesado en ayudarte, sino que quiero transmitir lo que he aprendido de una manera que produzca en ti un impacto que trascienda tu vida y se filtre en todo lo que tocas. Como un guijarro en un estanque que crea un efecto dominó mucho más allá de su punto de contacto inicial, creo que Dios hará cosas maravillosas a través de usted para bendecir y enriquecer la vida de otros si toma en serio estas palabras y trabaja para ponerlas en práctica.

Preguntas de solicitud

1. En términos prácticos, ¿qué significa para ti "llevar tu cruz" cada día?

2. ¿Qué elemento de The Abide Factor podría tener el mayor impacto en tu vida? ¿Qué aspecto te resulta más difícil de aplicar?

3. Si pudieras desarrollar suficiente perseverancia para aguantar las temporadas difíciles, ¿cómo impactaría eso en tu vida (y en la de las personas más cercanas a ti)?

CONCLUSIÓN: HACIENDO QUE SE MANTENGA

Antes de los días de Navidad películas como Duende y Cuento *de Navidad*, vimos clásicos como *Papá Noel viene a la ciudad* cada temporada navideña. No es tan antiguo como *Es una vida maravillosa*, pero salió hace más de 50 años (me sentí muy viejo escribiendo esa frase). La película animada está narrada por Fred Astaire y cuenta la historia de cómo surgieron Papá Noel y varias otras tradiciones navideñas.

En un momento de la película, Kris Kringle regresa con su familia adoptiva con Topper, un pingüino perdido del que se hizo amigo durante un viaje a Sombertown para entregar juguetes. En el camino, son capturados por Winter Warlock, pero Kris le da un juguete a Winter Warlock y su duro exterior se derrite.

Después de esto, Warlock y Kris se hacen amigos, y Warlock comienza a preguntarse si podría dejar atrás sus malos caminos y cambiar. Le gusta la idea de vivir de otra manera, pero no está seguro de que sea posible. Le dice a Kris: "Realmente soy una criatura mala y despreciable en el fondo, ¿sabes? Es muy difícil cambiar realmente".

Hagamos una pausa aquí antes de contarles lo que sucede a continuación (algunos de ustedes ya pueden sentir que viene la canción). ¿Te identificas? ¿Alguna vez te has sentido como el Brujo del Invierno? ¿Alguna vez te has preguntado si realmente podrías cambiar o si siempre estarás estancado donde estás?

El cambio no es fácil. Es arriesgado. Es incierto. Nuestros cerebros están programados para resistir el cambio porque es impredecible. Preferiríamos sentirnos un poco incómodos en una situación familiar que correr el riesgo de ser en realidad incómodos en una situación que nunca antes habíamos experimentado.

Sin embargo, vivir de esta manera es, en última instancia, frustrante e insatisfactorio. ¿Quién quiere vivir con la conciencia de que es posible tener una vida mejor sin ninguna intención de llegar allí? Es como sentarse en los asientos con hemorragia nasal cuando hay un asiento disponible en la línea de 50 yardas que podrías tener si quisieras. En lugar de correr escaleras abajo para ocupar el mejor asiento, dice: "No, gracias. Prefiero quedarme aquí, donde no puedo ver a los jugadores sin binoculares".

Aunque el cambio es difícil, vale la pena el esfuerzo y rápidamente descubrirá que comenzar no es tan difícil como cree. Eso es lo que el Brujo del Invierno aprendió rápidamente. Después de decir que no está seguro de poder cambiar, Kris Kringle se ríe y dice: "Mira, cambiar de mal a bien es tan fácil como dar el primer paso".

Si ya has visto la película antes, la música ya empieza a sonar en tu cabeza. Después de decirle al Brujo lo fácil que es cambiar, Kris comienza a cantar esta canción:

"Pon un pie delante del otro y pronto estarás caminando por el suelo.

Pon un pie delante del otro y pronto saldrás por la puerta.

Nunca llegarás a tu destino si nunca te pones de pie.

¡Vamos, que sopla buen viento de cola! Un hombre que camina rápido es difícil de vencer".

Algo interesante sucede dentro del Brujo mientras escucha a Kris cantar esta canción. Mira su reflejo en una pared de hielo y dice: "Si quiero cambiar el reflejo que veo en el espejo cada mañana, ¿quieres decir que es solo mi elección votar por una oportunidad de renacer?"[16] Lo que es cierto para el Brujo es cierto para cada uno de nosotros. Tu futuro es un lienzo en blanco y tú sostienes el pincel.

Si visita el sitio web de Chick-fil-A's Grow University en www.growuniversitychickfila.com, imagino que lo primero que verá será esta cita: "El viaje de 1000 millas comienza con un paso". Este mensaje es cercano y querido en mi corazón. El camino por recorrer es largo e impredecible, pero comienza simplemente poniendo un

---

[16] La redacción aquí es definitivamente confusa, pero recuerde, esto fue en la década de 1970. La gente todavía vestía pantalones acampanados e iba a la discoteca el viernes por la noche. Si eres millennial o Gen-zer y no sabes de qué estoy hablando, chatGPT puede ayudarte.

pie delante del otro. Si estás dispuesto a hacer esto, no tienes que quedarte donde estás.

Dar el primer paso puede parecer una decisión pequeña en este momento, pero tiene el potencial de marcar una diferencia extraordinaria. En la película de 2011 "Compramos un zoológico", protagonizada por Matt Damon y Scarlett Johansson, Benjamin Mee (el personaje de Damon) dice: "A veces todo lo que necesitas son 20 segundos de coraje loco, literalmente 20 segundos de valentía vergonzosa, y te prometo algo". Gran resultado saldrá de ello".

Hay un momento en el que Pedro decide salir de la barca y camina hacia Jesús sobre el agua. Hay un momento en que Santiago y Juan arrojan sus redes y dan el primer paso hacia su nuevo rabino, Jesús. Hay un momento en el que Pablo se levanta en el camino a Damasco, sin poder ver hacia dónde se dirige, pero sabiendo que algo más grande le espera cuando llegue porque alguien más grande lo está llamando a avanzar. Ninguno de los hombres estaba del todo seguro de lo que sucedería a continuación, pero aún así tomaron la decisión de poner un pie delante del otro.

Tu primer paso importa. Pregúntele a Neil Armstrong qué diferencia puede hacer un pequeño paso. Y con el tiempo, un paso se convertirá en diez, cien y diez mil. Antes de que te des cuenta, mirarás atrás y te sorprenderás de lo lejos que has viajado, pero nunca llegarás allí a menos que des el primer paso.

Dicho esto, es posible que necesites un estímulo adicional para seguir adelante. Esto no disminuye tu actitud ni tus habilidades de ninguna manera. Recuerda lo que leíste en el Capítulo Diez: todos nos necesitamos unos a otros. Además de rodearte de personas que te alentarán, te desafiarán y te harán mejor, también te invito a unirte a mí en el blog "The Pursuit."[17] en nuestro sitio web Grow U., donde escribiré publicaciones semanales diseñadas para ayudarte a continuar dando pasos hacia la vida que Dios te ha llamado a vivir.

Los dejo con la misma bendición que Pablo ofrece a la iglesia en Filipos en Filipenses 1:4-6 (NTV): "Siempre que oro, hago mis peticiones para todos ustedes con alegría, porque ustedes han sido mis socios en difundiendo la Buena Nueva acerca de Cristo desde el momento en que la escuchaste por primera vez hasta ahora. Y estoy seguro de que Dios, que comenzó la buena obra dentro de vosotros, continuará su obra hasta que finalmente esté terminada el día en que Cristo Jesús regrese".

Sigamos adelante juntos en nuestra búsqueda interminable y espero verlos en algún lugar del camino por delante.

---

[17] https://growuniversitychickfila.com/blog

CUADERNO DE TRABAJO PARA DEBATES EN GRUPOS PEQUEÑOS

Un amigo me dijo una vez: "Si quieres correr rápido, corre solo. Si quieres correr lejos, corre con un amigo." Me encanta esta cita. Como hablamos extensamente en el Capítulo Diez, estamos hechos para vivir la vida en comunidad y estaremos mucho mejor si invertimos en otros que nos desafíen y nos alienten a ser lo mejor de nosotros mismos en Cristo.

Este libro tendrá el mayor impacto si trabaja en cada capítulo con otros. Puedes leerlo con tu cónyuge, algunos amigos cercanos, un equipo de trabajo, una clase bíblica o un grupo pequeño en la iglesia. Para ayudar a facilitar sus conversaciones, he creado guías de ciscusión que corresponden a cada capítulo. Estas indicaciones van más allá de las preguntas de aplicación que lee al final de cada capítulo y le ayudan a considerar cómo puede comprender y aplicar mejor los conceptos que está leyendo a lo largo del libro.

Recuerda cubrir cada reunión con oración mientras invitas a Dios a hacer algo increíble en tu vida y en la vida de los demás. Cuando tenemos reuniones de equipo en el trabajo, comienzo cada reunión leyendo Proverbios 16:3 (NTV): "Encomienda tus acciones al Señor y tus planes tendrán éxito". Considero que este principio es fundamental para nuestro éxito y me encanta cómo nos brinda la oportunidad de vivir Proverbios 3:5-6, NTV "Confía en el Señor con todo tu corazón; No dependas de tu propio entendimiento. Busca su voluntad en todo lo que hagas y él te mostrará qué camino tomar". Mateo 6:33, NTV "Busca el Reino de Dios por encima de todo, y vive con rectitud, y él te dará todo lo que necesitas." Tenga en cuenta estos versículos mientras trabaja en este material y no perderá de vista su propósito y lo que están tratando de lograr juntos (con la ayuda de Dios, por supuesto).

Siéntase libre de adaptar estas guías de discusión según la edad, el contexto y las preferencias únicas de su grupo. Mi esperanza es que las palabras que lea en este libro conduzcan a debates enriquecedores en los que cada persona pueda identificar y aceptar mejor el llamado de Dios en su vida.

Introducción: El secreto de la verdadera felicidad

Abierto en oración:

- Pídale a Dios que bendiga el tiempo que su grupo pasan juntos, tanto en la discusión de hoy como durante todas sus reuniones. Considere leer Proverbios 3:5-6 y Mateo 6:33 de antemano para preparar completamente su corazón y su mente para lo que le espera.
- Orar para que cada persona tenga una mente y un corazón abiertos hacia la nueva dirección hacia donde Dios podría estar guiándonos.

Comience hablando sobre cómo su grupo interactuará entre sí:

- ¿Con qué frecuencia se reunirá nuestro grupo?
- ¿Nos reuniremos a la misma hora y lugar cada semana?
- ¿Qué se espera de cada persona antes, durante y después de la discusión?
- ¿Cómo podemos apoyarnos unos a otros durante todo este viaje? (Oración, responsabilidad, aliento, desafío gentil, etc.)
- La semana pasada leímos la introducción del libro. ¿Cuál fue la principal conclusión para ti? ¿Qué fue lo más alentador y/o desafiante?

Continúe discutiendo la introducción del libro:

- Piensa en un momento en el que experimentaste felicidad después de cierto logro o logro. ¿Cuánto duró ese sentimiento?
- ¿Por qué crees que la gente confunde la felicidad con llegar a un destino? ¿Cómo desafió David esta idea errónea en el primer capítulo?
- ¿Qué quiere decir David cuando dice: "No hay felicidad sin búsqueda?" ¿Cómo puede la adopción de esta búsqueda interminable conducir a una vida más plena?
- Cuando piensas en la vida como un viaje en lugar de un destino, ¿cómo cambia eso tu perspectiva sobre el crecimiento y la realización personal?
- ¿Qué papel juega nuestra fe en Dios en nuestra búsqueda de crecimiento y desarrollo personal durante toda la vida?
- Lean Salmo 16:11 (NTV) en grupo: "Tú me mostrarás el camino de la vida, concediéndome el gozo de tu presencia y los placeres de vivir contigo para siempre".

Las preguntas del desafío de la persecución interminable:

- Mientras piensas en cambiar tu perspectiva sobre la felicidad de un destino a un viaje, ¿cómo crees que esto podría afectar tu vida diaria?

- ¿Cuál es un área de la vida en la que has estado esperando un resultado específico? ¿Cómo puedes encontrar mayor alegría en el proceso?
- Piensa en un desafío reciente que hayas enfrentado. ¿Cómo creciste a través de esa experiencia? ¿Qué lecciones aprendiste?
- ¿Cómo puedes preparar tu corazón y tu mente para obtener el mayor beneficio de este libro y de estas discusiones?

Cierre en oración. Pídele a Dios que ayude a cada persona a encontrar gozo en La Búsqueda Sin Fin. Ore para que cada persona sea transformada más a la imagen de Cristo a medida que descubre cómo aplicar los principios bíblicos de este libro.

Capítulo Uno: Determine Su Propósito

Abierto en oración. Pídale a Dios que ayude a cada persona a evitar distracciones y concentrarse en la discusión. Considere leer Proverbios 16:3 (NTV) y dedique su tiempo de discusión al Señor en oración.

La semana pasada leímos el capítulo uno del libro. ¿Cuál fue la principal conclusión para ti? ¿Qué fue lo más alentador y/o desafiante?

Continúe discutiendo el capítulo:

- David menciona haber cambiado de especialidad varias veces en la universidad y haber tenido dificultades para encontrar su carrera profesional. ¿Alguna vez ha experimentado un momento de gran incertidumbre en su propia vida?
- ¿Qué acontecimientos a lo largo de tu vida te han ayudado a descubrir tu propósito?
- Piense en el viaje de Pablo a Damasco cuando conoció a Jesús por primera vez. ¿Cómo te inspira esta historia a seguir buscando tu propio propósito?
- David cita a Frederick Buechner en el capítulo, quién dice que el propósito a menudo se encuentra en la intersección entre tu pasión y la mayor necesidad del mundo. ¿Qué pistas podría proporcionar esto sobre su propósito?
- ¿Alguna vez has sentido miedo o incertidumbre al considerar cuál podría ser tu propósito? ¿Cómo superaste (o pudiste) ese miedo?

- ¿Cómo impacta la conciencia de la presencia de Dios en tu voluntad de abrazar tu propósito y perseguir tu llamado a pesar del miedo, los desafíos y los obstáculos?

Lean Efesios 2:10 (NTV) como grupo: "Porque somos la obra maestra de Dios. Él nos ha creado de nuevo en Cristo Jesús, para que podamos hacer las cosas buenas que planeó para nosotros hace mucho tiempo".

Las preguntas del desafío de la persecución interminable:

- ¿Cómo seguirás trabajando para descubrir el propósito único que Dios te ha dado durante los próximos días y semanas?
- Si ya sabes cuál es tu propósito, ¿qué tan bien estás viviendo ese propósito? ¿Qué más podrías hacer para conectar tu propósito con tus pensamientos, acciones y decisiones?

Cierre en oración. Agradezca a Dios por bendecir a cada persona con un propósito único y pida la ayuda del Espíritu Santo para descubrir y aplicar el propósito de cada persona.

Capítulo Dos: Definición de Sus Valores Fundamentales

Abierto en oración. Agradezca a Dios por el crecimiento que cada persona ya ha experimentado a través de las discusiones grupales y ore para que Él continúe bendiciendo el tiempo que pasan juntos.

La semana pasada leímos el capítulo dos del libro. ¿Cuál fue la principal conclusión para ti? ¿Qué fue lo más alentador y/o desafiante?

Preguntas de discusión

- Tómese un momento para reflexionar sobre los valores fundamentales de Jesús mencionados en el capítulo (integridad, perdón, humildad, inclusión, servicio y sacrificio). ¿Cuál de estos valores resuena más contigo? ¿Puedes compartir una experiencia personal que refleje ese valor?
- David habla sobre los valores fundamentales de Chick-fil-A en el capítulo. ¿Alguna vez has pensado en la idea de que el propósito de una empresa podría ir más allá de ganar dinero? ¿Cómo podría eso afectar a las personas que trabajan para esa organización?
- ¿Qué tan claro tienes acerca de tus valores fundamentales personales? ¿Tienes una idea de cuáles podrían ser tus valores?
- ¿Cómo te inspira la historia de José a defender tus propios valores fundamentales incluso ante la adversidad? ¿Se te ocurre alguna historia actual

de personas que hayan experimentado algo difícil sin comprometer sus valores?

Lea Mateo 4:1-11 en grupo. Analice cómo Jesús se mantuvo fiel a sus valores a pesar de enfrentar la tentación en el desierto.

Las preguntas del desafío de la persecución interminable:

- ¿Cómo sería diferente tu vida si tus valores fundamentales desempeñarán un papel en cada decisión que tomaras?
- ¿Qué podrías hacer en el transcurso de la próxima semana para encarnar o reflejar mejor tus valores?
- ¿Cómo podrías ayudar a otra persona a aclarar y vivir sus valores?

Cierre en oración. Pídele a Dios que alinee tus valores con los suyos y que te los aclare para que puedas comenzar a practicarlos con más frecuencia.

Capítulo Tres: Establecer Metas Significativas

Abierto en oración. Gracias a Dios por su constante amor, bendición y provisión. Pídele a Dios que se acerque a tu grupo esta semana.

La semana pasada leímos el capítulo tres del libro. ¿Cuál fue la principal conclusión para ti? ¿Qué fue lo más alentador y/o desafiante?

Preguntas de discusión

- Imagínate dentro de diez años. ¿Cómo es tu vida? ¿Qué quieres ser diferente? Piense en cada dominio de la "Rueda de la Vida" (espiritual, físico, mental, personal, familiar, financiero y profesional).
- Cuando piensas en los elementos de la "Rueda de la Vida" de Zig Ziglar, ¿qué área de la vida crees que es la más fuerte para ti en este momento? ¿A cuál le vendría bien algo de trabajo?
- ¿Cómo podemos usar nuestras metas para servir y elevar a otros de la misma manera que Jesús elevó a Zaqueo?
- Piensa en un momento en el que no lograste alcanzar una meta. ¿Qué aprendiste de esa experiencia? ¿Cómo encontró valor a esa deficiencia, incluso si no alcanzó su objetivo original?

Lean Isaías 43:18-19 (NTV) como grupo: "Pero olvídense de todo eso; no es nada comparado con lo que voy a hacer. Porque estoy a punto de hacer algo nuevo.

¡Miren, ya he comenzado! ¿No lo ves? Haré un camino a través del desierto y crearé ríos en la tierra seca."

Las preguntas del desafío de la persecución interminable:

- ¿Cuáles son entre 1 a 3 objetivos que podría establecer que se alineen con su propósito y valores discutidos en las semanas anteriores?
- ¿Cómo la búsqueda de metas fortalecerá tu relación con Dios y otros ámbitos clave de tu vida?
- ¿Cómo mantendrás el rumbo para alcanzar tus objetivos? ¿Qué refuerzos o responsabilidades necesita implementar?

Cierre en oración. Pídale a Dios que bendiga a cada persona con fuerza y determinación mientras persiguen sus metas. Ore para que pueda establecer metas que honren a Dios y den a conocer su nombre.

Capítulo Cuatro: Encontrar y Mantener la Motivación

Abierto en oración. Agradece a Dios por darte la fuerza para vivir cada día y pídele que continúe brindándote la motivación que necesitas para vivir para Él.

La semana pasada leímos el capítulo cuatro del libro. ¿Cuál fue la principal conclusión para ti? ¿Qué fue lo más alentador y/o desafiante?

Preguntas de discusión

- ¿Cómo has entendido la motivación en el pasado? ¿Cómo desafió este capítulo esas nociones preconcebidas?
- ¿Qué papel ha jugado la motivación en tu vida en el pasado? ¿Qué tan consciente estaba usted de lo que estaba sucediendo?
- ¿Cómo ves la relación entre motivación y disciplina? ¿Cómo específicamente podrías maximizar tu motivación desarrollando una mayor disciplina?
- ¿Qué motivadores internos prevalecen más en tu vida? ¿Cómo impactan sus decisiones y acciones?
- ¿Cómo puede comprender el papel de la dopamina en la anticipación y la recompensa para ayudarle a tomar decisiones más intencionadas sobre las actividades que realiza en su vida?

Lean Salmo 37:4-5 (NTV) como grupo: "Deléitate en el Señor, y él te concederá los deseos de tu corazón. Encomienda todo lo que hagas al Señor. Confía en él y él te ayudará". Analice cómo se relaciona este versículo con la motivación.

Las preguntas del desafío de la persecución interminable:

- ¿Cómo puedes aprovechar tu motivación para perseguir los objetivos de los que hablaste la semana pasada? ¿Qué diferencia práctica hará eso en tu vida esta semana?
- ¿Cómo puedes mantenerte enfocado en tu motivación a largo plazo de una manera que te ayude a tomar las decisiones correctas en el corto plazo?
- ¿Qué puedes hacer para ser consciente de cómo estás usando y aplicando tu motivación?

Cierre en oración. Pídele a Dios que te dé conciencia y claridad sobre tus motivaciones más profundas para que puedas vivir con mayor propósito e intención.

Capítulo Cinco: Cultivando el Carácter

Abierto en oración. Ora para que Dios te revele los rasgos de carácter que Él quiere que encarnes y pídele ayuda para ponerlos en práctica.

La semana pasada leímos el capítulo cinco del libro. ¿Cuál fue la principal conclusión para ti? ¿Qué fue lo más alentador y/o desafiante?

Preguntas de discusión

- ¿Cómo te impactó personalmente la analogía del jardín para el desarrollo del carácter?
- Si echas un vistazo al "jardín" de tu personaje actual, ¿qué plantas ves crecer? ¿Qué malezas notas?
- ¿Cómo se abordan las malas hierbas de forma continua? ¿Cómo podrías hacer esto de manera más intencional o efectiva?
- ¿Cómo te ayuda tu entorno a desarrollar un carácter más fuerte? ¿Qué cambios podrías hacer para mejorar tu entorno?
- En tu opinión, ¿qué significa tener mentalidad de crecimiento? ¿Cómo sabrías si tu mentalidad es de crecimiento o fija?

Lea Gálatas 5:22-23 en grupo. Pida a cada persona que identifique 1 o 2 frutos del Espíritu en los que le gustaría trabajar para desarrollar.

Las preguntas del desafío de la persecución interminable:

- ¿Qué pasos prácticos necesitas tomar a corto plazo para mejorar el desarrollo de tu carácter?
- ¿Qué harás para encarnar mejor los 1 o 2 frutos del Espíritu que dijiste que planeabas desarrollar?
- ¿Cómo puedes involucrar a otros en el proceso de crecimiento y desarrollo del carácter para obtener los mejores resultados posibles?

Cierre en oración. Ora para que Dios te dé la fuerza y el coraje que necesitas para moldear tu carácter de una manera que lo refleje.

Capítulo Seis: Buscando la Integridad

Abierto en oración. Pídale a Dios que mejore su deseo de integridad y que esté con usted mientras busca la integridad en su vida diaria.

La semana pasada leímos el capítulo seis del libro. ¿Cuál fue la principal conclusión para ti? ¿Qué fue lo más alentador y/o desafiante?

Preguntas de discusión

- ¿Qué significa para usted la integridad? ¿Qué papel juega la integridad en su búsqueda interminable?
- ¿Puedes pensar en algún momento de tu vida en el que hiciste lo correcto por el motivo equivocado? ¿Cuál fue el resultado?
- ¿Cómo refleja la historia del Buen Samaritano el principio de vivir con integridad en el mundo moderno? Si aplicaras esta historia a tu propia vida, ¿cuál sería el impacto?
- David redefine el éxito en este capítulo, diciendo que tiene más que ver con el proceso y menos con el resultado. ¿Cómo sería diferente tu vida si adoptaras esta creencia?

Lea Gálatas 6:9-10 en grupo. Considere lo que dicen estos versículos acerca de vivir con integridad y buscar el bien mayor.

Las preguntas del desafío de la persecución interminable:

- ¿Cómo puedes practicar una mayor integridad en tu vida diaria? ¿Qué impacto tendría esto en ti y en quienes te rodean?
- ¿Quién podría ayudarte a vivir una vida con mayor integridad? ¿Cómo involucrarás a esta persona?
- ¿Hay algo por lo que te sientes culpable en tu vida por no actuar con integridad? ¿Qué puedes hacer para corregirlo?

Cierre en oración. Pídele a Dios que te ayude y te guíe mientras buscas vivir una vida con mayor integridad.

Capítulo Siete: Desarrollar Habilidades de Liderazgo

Abierto en oración. Pídele a Dios que te informe y profundice tu perspectiva sobre el liderazgo para que puedas convertirte en el líder que Él te ha llamado a ser.

La semana pasada leímos el capítulo siete del libro. ¿Cuál fue la principal conclusión para ti? ¿Qué fue lo más alentador y/o desafiante?

Preguntas de discusión

- ¿Qué significa para usted la idea de "liderarse a sí mismo"? ¿Cómo se ve este concepto en tu vida?
- ¿Cómo afecta el liderazgo a usted mismo su capacidad para liderar a otros?
- ¿Qué hace que la confianza y el respeto sean importantes dentro del liderazgo? No puedes obligar a la gente a confiar en ti y a respetarte, pero ¿cómo puedes convertirte en una persona digna de mayor confianza y respeto?
- ¿Cómo influye la valentía en el liderazgo y cómo influye tu fe en la cantidad de valentía que tienes?

Lea Marcos 10:42-45 y Mateo 20:25-28. ¿Cómo moldean estos pasajes nuestra comprensión de Jesús como líder? ¿Qué aprendemos sobre el liderazgo del ejemplo de Jesús?

Las preguntas del desafío de la persecución interminable:

- ¿Qué pasos darás esta semana para liderar según el ejemplo de Jesús? ¿Qué impacto cree que producirá esto?
- ¿En qué situaciones o círculos necesitas dar un paso adelante como líder?
- ¿Cómo cuidarás de ti mismo para estar en la mejor posición posible para liderar?

Cierre en oración. Pídele a Dios que te revele las situaciones en las que se necesita un liderazgo cristiano fuerte y ora para que Él te dé el valor para dar un paso al frente y liderar.

Capítulo Ocho: Liderar con un Corazón de Servicio

Abierto en oración. Agradezca a Dios por el tremendo ejemplo de liderazgo de servicio de Jesús y pídale que le ayude a seguir los pasos de Jesús.

La semana pasada leímos el capítulo ocho del libro. ¿Cuál fue la principal conclusión para ti? ¿Qué fue lo más alentador y/o desafiante?

Preguntas de discusión

- Piensa en un líder de tu pasado al que admiras. ¿Qué apreciaste de esta persona?
- ¿Alguna vez has pensado en el liderazgo como servicio? ¿Cómo cambia esto la forma en que ve el liderazgo?
- Si el liderazgo cristiano requiere autosacrificio, ¿cómo cambia esto tu comprensión de lo que significa liderar? ¿Cómo se ve esto, en la práctica?
- ¿Cómo se conecta la idea de "cambiar de opinión" con el llamado a liderarte a ti mismo y liderar a otros? ¿Qué requerirá este paso de usted?
- ¿Qué aprendemos sobre el liderazgo en la historia de David y Mefiboset? ¿Cómo puedes liderar de manera similar?

Lea Mateo 20:20-28 en grupo. ¿Qué dice esta historia sobre la perspectiva de Jesús sobre la gloria y el honor? ¿Cómo influye en la forma en que pensamos acerca de liderar como lo hizo Jesús?

Las preguntas del desafío de la persecución interminable:

- ¿Cómo liderarás con corazón de siervo esta semana? Sea lo más específico posible.
- ¿Qué personas, situaciones y cuestiones podrían beneficiarse más del liderazgo de servicio? ¿Eres la persona adecuada para impactar estas situaciones? Si no, ¿quién podría tener una presencia positiva?
- ¿Cómo continuarás recuperándote esta comprensión única del liderazgo para poder incorporar este concepto de manera consistente?

Cierre en oración. Pídele a Dios que te dé la humildad que necesitas para servir y liderar como Jesús.

Capítulo Nueve: Navegando Desafíos y Obstáculos

Abierto en oración. Pídele a Dios que te ayude a remodelar tu comprensión de los desafíos y obstáculos para que puedas extraer el mayor valor posible de la adversidad.

La semana pasada leímos el capítulo nueve del libro. ¿Cuál fue la principal conclusión para ti? ¿Qué fue lo más alentador y/o desafiante?

Preguntas de discusión

- ¿Cómo te sientes normalmente cuando experimentas desafíos? ¿Cómo respondes?
- Piensa en un desafío que hayas enfrentado recientemente. ¿Cómo fue ese proceso? ¿Cómo lo superaste y qué impacto tuvo en ti?
- ¿Cuál es un desafío en tu vida que contribuyó a tu desarrolló de manera significativa? ¿Cómo tuvo impacto?
- ¿Cuál es una "piedra del recuerdo" importante en tu vida? ¿Qué evento te ayuda a recordar esa piedra?

Lea Santiago 1:2-4 en grupo. ¿Cómo puedes adoptar esta actitud ante las pruebas? ¿Qué diferencia haría esto?

Las preguntas del desafío de la persecución interminable:

- ¿Cómo puedes replantear los desafíos a medida que surgen para que no descarrilen tu búsqueda interminable?

- Así como los israelitas erigieron piedras físicas de recuerdo, ¿cómo puedes construir un monumento para recordar lo que Dios ha hecho en tu vida?
- ¿Qué diferencia pueden hacer tus "piedras del recuerdo" cuando miras hacia atrás en tu pasado y piensas en lo que has experimentado? Sea específico aquí. Cuando uno recuerda estos acontecimientos, ¿cómo pueden seguir marcando la diferencia?

Cierre en oración. Pídale a Dios que le dé a cada persona del grupo la fuerza para enfrentar los desafíos de frente y la capacidad de apreciar el trabajo que Dios está haciendo en sus vidas cuando enfrentan la adversidad.

Capítulo Diez: Construyendo Relaciones Positivas

Abierto en oración. Agradezca a Dios por las relaciones en su vida y pídale que cada relación sea una que lo honre.

La semana pasada leímos el capítulo diez del libro. ¿Cuál fue la principal conclusión para ti? ¿Qué fue lo más alentador y/o desafiante?

Preguntas de discusión

- ¿Qué piensas de que Dios mire la creación antes que las relaciones y diga que esto "no era bueno"? ¿Cómo impacta esta proclamación en nuestras vidas hoy?
- ¿Te encuentras gravitando más hacia el individualismo o la vida comunitaria? ¿Hasta qué punto es útil (o perjudicial) esta tendencia?
- Piensa en los tres beneficios principales que menciona David en el contexto de las relaciones. ¿Cuál marca la mayor diferencia en tu vida? ¿Cuál crees que falta actualmente?
- ¿Cómo influye el amor de Dios en la forma en que amas a los demás? ¿Con qué eficacia estás amando a los demás como Dios te ha amado a ti?

Lea 1 Corintios 13 como grupo. ¿Cómo podemos adoptar mejor esta perspectiva sobre el amor y dejar que informe la forma en que amamos a los demás?

Las preguntas del desafío de la persecución interminable:

- ¿Cuáles son 1 o 2 relaciones en tu vida en las que te gustaría invertir más? ¿Cómo harás ésto? ¿Cuándo empezarás?
- ¿Cómo puedes establecer límites saludables para salvaguardar tus valores y evitar distracciones o tentaciones?
- ¿Cómo te rodearás de personas que te ayuden a convertirte en la mejor versión de ti mismo? ¿Qué pasos prácticos necesitas tomar?

Cierre en oración. Pide la ayuda de Dios para amar a los demás, incluso cuando no sea fácil.

Capítulo Once: Sostener el Crecimiento y la Transformación

Abierto en oración. Pídele a Dios que te dé la resistencia necesaria para sostener el trabajo que has estado discutiendo y practicando durante las últimas semanas.

La semana pasada leímos el capítulo once del libro. ¿Cuál fue la principal conclusión para ti? ¿Qué fue lo más alentador y/o desafiante?

Preguntas de discusión

- ¿Cómo impacta la historia de la Tortuga y la Liebre en tu enfoque del crecimiento personal?
- ¿Qué pensaste sobre la percepción que tenían los discípulos de quién era Jesús? ¿Cómo afectó esto la forma en que experimentaron la muerte y resurrección de Jesús?
- ¿Cómo interpretas las enseñanzas de Jesús sobre el sufrimiento y la gloria? ¿Cómo sería para usted aplicar esta perspectiva en su propia vida?
- ¿Qué opinas sobre The Abide Factor? ¿Cómo podría este marco desempeñar un papel significativo en su vida diaria?
- ¿Cómo sería para usted perseguir la excelencia como el estándar más alto? ¿Cómo cambiaría eso la forma en que vives actualmente?

Lea Mateo 25:31-46. ¿Qué enseña este pasaje sobre el crecimiento sostenido y la transformación? ¿Cómo podemos aplicar este pasaje?

Las preguntas del desafío de la persecución interminable:

- ¿Qué hábitos podrían ayudarte a seguir progresando en tu relación con Dios y en tu Búsqueda Sin Fin? ¿Cuándo comenzarás a adoptar estos hábitos y cómo mantendrás el rumbo?
- ¿Cómo puedes cambiar tu forma de pensar para poder tomar tu cruz y seguir a Jesús constantemente?
- ¿Qué oportunidades te está dando Dios en este momento para crecer y transformarte? ¿Cómo actuarás al respecto?

Cierre en oración. Pídele a Dios que esté contigo durante todo el viaje, equipándote constantemente para dar pasos significativos hacia adelante.

Conclusión: Lograr que se Mantenga

Abierto en oración. Gracias a Dios por el progreso que han logrado como grupo durante las últimas semanas. Pide la ayuda de Dios para terminar bien.

La semana pasada leímos la conclusión del libro. ¿Cuál fue la principal conclusión para ti? ¿Qué fue lo más alentador y/o desafiante?

Preguntas de discusión

- ¿Por qué crees que la gente se resiste tanto al cambio?
- Piensa en un momento en el que aceptaste el cambio y la incertidumbre. ¿Cuál fue el impacto? ¿Cómo te benefició esa experiencia?
- ¿Cómo te impactó la ilustración de "Santa Claus is Comin' to Town"? ¿Dónde crees que un paso podría tener un impacto notable?
- Como dice David en su sitio web Grow University, "El viaje de 1000 millas comienza con un paso". Ahora que tienes un primer paso en mente, ¿adónde crees que Dios podría guiarte dentro de 1000 pasos a partir de ahora? ¡Intenta soñar en grande aquí!

Lea Filipenses 1:3-6 en grupo. ¿Cómo puede este pasaje inspirarte y motivarte a seguir buscando el cambio?

Las preguntas del desafío de la persecución interminable:

- ¿Cómo sientes que has crecido desde que leíste este libro? ¿Cuál ha sido el mayor cambio en ti?

- ¿Qué sigue para ti? ¿Dónde todavía necesitas estirarte o mejorar?
- ¿Qué has aprendido al leer el libro y al pasar tiempo juntos en tu grupo? ¿A qué quieres aferrarte?

Cierre en oración. Agradezca a Dios por el tiempo que su grupo ha pasado juntos y pídale su continua bendición y participación a medida que avanzan en su búsqueda interminable.

Todos los versículos de la Biblia son tomados de la Nueva Traducción Viviente (NTV) a menos que se indique lo contrario.

REFERENCIAS

Introducción: El Secreto de la Verdadera Felicidad

Hebreos 12:1

2 Pedro 1:5-8

Capítulo Uno: Determine Su Propósito

Hechos 9:15-16

Filipenses 3:5-6

Ilusiones: el ABC de un buscador por Frederick Buechner, HarperOne; Edición ampliada (1993)

2 Timoteo 1:7 NVI

Jueces 6:13

Capítulo Dos: Definición de Sus Valores Fundamentales

Página de valores fundamentales de la empresa Chick-fil-A (https://www.chick-fil-a.com/about/quiénes-somos)

El blog de persecución (https://growuniversitychickfila.com/blog/)

La ventaja por Patrick Lencioni, Jossey-Bass; 1ª edición (2012)

Capítulo Tres: Establecer Metas Significativas

La "Rueda de la Vida" de Zig Ziglar - https://www.ziglar.com/articles/the-wheel-of-life/

Lucas 19:10

Hábitos atómicos por James Clear, Avery; Primera edición (2018)

Capítulo Cuatro: Encontrar y Mantener la Motivación

El poder del pensamiento positivo por Norman Vincent Peale, EBURY PRESS (2004)

Los siete hábitos de la gente altamente efectiva por Stephen Covey, Simon & Schuster; Edición aniversario (2020)

Entre Liderazgo por Dave Ramsey, Howard Books; Edición ilustrada (2011)

El podcast de liderazgo de Craig Groeschel - https://podcasts. apple. com/us/podcast/craig-groeschel-leadership-podcast/id1070649025

Capítulo Cinco: Cultivando el Carácter

Mateo 13:3-9, 18-23

Rehacer por Jon Acuff, Portafolio; Edición de reimpresión (2017)

La vida es 10% lo que te sucede y 90% cómo reaccionamos por Chuck Swindoll, Thomas Nelson (2023)

Proverbios 9:8

Gálatas 5:22-23

Mateo 13:24-30

Santiago 5:7-8

Capítulo Seis: Buscando la Integridad

Lucas 10:21, 30-37

Gálatas 6:9-10

Capítulo Siete: Desarrollar Habilidades de Liderazgo

Lucas 16:10

Proverbios 11:25

Capítulo Ocho: Liderar con un Corazón de Servicio

Mateo 20:26-28

Enciende tu cerebro por la Dra. Caroline Leaf, Baker Books; Edición 8. 2. 2013 (2013)

Romanos 12:1

Filipenses 4:8

2 Samuel 9:7

"Llevado a la mesa" de Leeland, *Sonido de melodías*, 2006

Capítulo Nueve: Navegando Desafíos y Obstáculos

2 Corintios 5:21

Romanos 8:28

Romanos 5:3-5

Santiago 1:2-4

"La gracia es mayor" de Kyle Idelman

Evan Todopoderoso, 2007

1 Samuel 7:12

El pozo de dinero, 1986

"Mala sangre", Taylor Swift

El conde de monte cristo, 2002

Capítulo Diez: Construyendo Relaciones Positivas

"Ted Lasso", 2020

Génesis 2:18

Proverbios 27:17

Juan 13:34

1 Juan 4:19

El chico conoce al mundo, Disney Channel, Compañía Estadounidense de Radiodifusión (1993-2000)

El poder del otro por el Dr. Henry Cloud, HarperBusiness (1885)

Eclesiastés 4:12

Finales necesarios por el Dr. Henry Cloud, Harper Business; 19/12/10 edición (2011)

1 Corintios 15:33

2 Timoteo 4:7-8

Capítulo Once: Sostener el Crecimiento y la Transformación

Marcos 8:27-28, 30-34

Gálatas 6:9

Juan 16:33

El factor de permanencia por Shawn Lyons, David Grimm y Nate Long, 40 Day Publishing (2023)

Conclusión: Lograr que se Mantenga

Papá Noel viene a la ciudad, 1970

Compramos un zoo, 2011

Filipenses 1:4-6

Todos los versículos de la Biblia están tomados de la Nueva Traducción Viviente (NTV) a menos que se indique lo contrario.

SOBRE EL AUTOR

David Grimm y su esposa, Kelly, son dueños de Chick-fil-A en University Avenue en West Des Moines, Iowa. David y Kelly han estado en el negocio de los restaurantes desde 2011. Abrieron Chick-fil-A en 2015 y han hecho crecer la ubicación de University Avenue en más de un 350% desde que comenzaron. David está increíblemente agradecido por su equipo de primer nivel y por la extraordinaria experiencia que brindan a los huéspedes a diario. Desde 2015, su ubicación ha donado aproximadamente $1 millón a la comunidad y al equipo a través de donaciones de alimentos, apoyo y asistencia educativa.

Además de este libro, David es coautor de "The Abide Factor: un Enfoque Basado en la Biblia para Vivir una Vida Abundante y Dar Fruto en Cristo", y espera con ansias la publicación de su autobiografía, "Unlikely Candidate" (Candidato Improbable) en el futuro cercano.

A David y Kelly les encanta poder vivir su fe a través de sus palabras y hechos todos los días. Tienen cuatro hijos y viven en West Des Moines, Iowa.

Para más información vaya a AuthorDavidGrimm. com.